JN120726

沈まぬユーロ

多極化時代における20年目の挑戦

蓮見 雄・高屋定美 編著

文眞堂

まえがき

本書の目的

本書は、2020年11月8日に行われた日本EU学会第41回大会の公開シンポジウム「多極時代におけるユーロ―20年目の挑戦」に基づいている。執筆者は、いずれも日本EU学会会員であり、EU経済ならびにユーロ研究の第一線のエコノミストと研究者である。本書の目的は、ユーロに対する根拠の乏しい「期待」と「幻滅」のいずれをも排し、ユーロを取り巻く様々な状況とユーロの役割の変化を事実に基づいて多面的かつ冷静に解説し、今後のユーロならびにEU経済統合の行方とEU経済のもつ世界経済における役割について、読者とともに考えるための基礎的な素材を提供することにある。

本書の主題について

1999年にユーロが導入されて以来、20年以上の歳月が流れ、ユーロを採用する国は11カ国から

19カ国に増加している。ユーロ紙幣は裏表ともに共通で、人々をつなぐ「窓」「門」「橋」をモチーフとしたデザインが描かれている。硬貨も片面は共通だが、もう片面は導入国が独自のデザインを採用している。ここには、「多様性の中の統一」というEUの理念が表れている。そして、ユーロは、EUの市場統合によって生み出されるはずの「豊かさの共有」を象徴するものとして期待され、ある種のユーフォリア（十分な客観的根拠のない過度な幸福感）を持って迎えられ、「ドル覇権への挑戦」といった言説さえ広がった。

しかし、その後ユーロの歩んできた20年の道のりを振り返ると、現実は、その理念や期待にはほど遠いことは、誰の目にも明らかである。ユーロは、金融政策の一元化や通貨安になりやすいことから、輸出競争力のあるドイツ等に有利である。しかも、各国に課された緊縮財政は、競争力のない国が独自の政策対応を柔軟に行う余地を狭めている。今やユーロは、「豊かさの共有」どころか「格差の固定化」につながっている感さえある。

同時に、この20年間は、金融規制の撤廃によって一体性を強め活況を呈していた国際金融市場が変調を来した時期であることを思い出しておく必要があるだろう。アメリカにおける信用力の低い低所得者層を対象にした住宅ローン（サブプライムローン）は、住宅ローン担保証券（RMBS）やそれらを複雑に組み合わせた債務担保証券（CDO）といったハイリスク・ハイリターンの金融商品として証券化され、信用リスクを売買するクレジット・デフォルト・スワップ（CDS）とともに世界中で販売された。一方、金融市場統合によって厳しい競争にさらされたヨーロッパの金融機関は、M&

Aを進めるとともに、次第に伝統的なバンキング業務（家計や企業向けの貸出や有価証券の長期保有などに関わる業務）に留まらず、トレーディング業務（為替や債券などの現物ならびにデリバティブ商品の短期売買によってキャピタルゲインの獲得を目指す業務）によって収益力を強化しようとする傾向を強め、アメリカ市場にも積極的に進出していった。

当初、単一市場の形成と金融市場統合はＥＵ経済の構造転換を目指す成長戦略（２０００年に導入され２００５年に手直しされたリスボン戦略）を金融面から支えるものと期待されていた。しかし、それは十分な成果を上げることができなかった。なぜなら、上述のような状況下で、資金は、固定資本投資に回らず、国際金融市場への投資、不動産バブル、消費バブルに流れてしまったからである（本書第1章、第2章を参照）。

ヨーロッパの銀行が国際金融市場と深く結びついていたことから、アメリカで始まった金融危機は、ヨーロッパにも飛び火した。２００７年にサブプライムローンが破たんした結果、フランスに本拠を置くＢＮＰパリバは傘下のミューチュアルファンドの解約を凍結した（パリバショック）。さらに、２００９年10月にギリシャによる財政赤字の粉飾が発覚したことをきっかけにギリシャ国債が暴落、しかもＥＵの対応が後手に回り、危機はポルトガル、アイルランド、イタリア、ギリシャ、スペインへと次々に飛び火した。これらの国々を総称する言葉として国名の頭文字をとったＰＩＩＧＳという侮辱的なニュアンスを含む呼称が飛び交い（この呼称は、後にGIIPSに代わった）、ユーロ崩壊が現実味を持って語られる事態に陥った。こうして、ユーロへの幻滅が広がり、ＥＵ統合そのものの「終焉」「解体」「崩壊」が語られるようになった。新たな成長戦略（2010年の欧州2020戦略）も、ソブリン危機が続く中で、やはり十分な成果を上げることはできなかった。

ECBの現実的な危機対応や欧州安定メカニズム（ESM）、銀行同盟などの新たな制度の創出によって、ユーロは生き残った。しかし、その後のEUは、移民・難民問題に直面し、排外主義・ポピュリズムが台頭した。ドイツやイタリア、欧州議会などでEU懐疑派・離脱派の議席が伸びた。イギリスはEU離脱を決定し、ポーランドやハンガリーはEU加盟の条件である法の支配を順守せず、EUの連帯は危機に瀕した。2018年末、欧州委員会は、EUの国際的役割の強化に関する政策文書を出したが、特にユーロへの期待が高まることもなかった。2020年1月末にはイギリスがEUから離脱した。ロンドンが、世界の資金とEUをつなぐ役割を果たしてきたことを考えれば、そのインパクトは大きい（本書第4章を参照）。その後、EU各国は、新型コロナウイルス（以下COVID-19）感染拡大という新たな危機に直面し、国境管理を強化し、EU各国はいっそう内向きになった。

しかし、2020年5月にドイツとフランスが共同で復興基金を提案し、7月に「次世代EU」という名の復興基金7500億ユーロを含む1兆8243億ユーロの中期予算（2021～2027年）が合意され、復興計画の中心に欧州グリーン・ディールが位置づけられた。重要なことは、EUが債券を発行して市場から資金調達を行う債務共有化が、コロナ渦における特例とはいえ、実現したことである。これは、内外にEUの連帯を示すとともに、EUが新たな資金調達の手段を手にしたことを意味している。これは、さしあたりユーロ高というかたちで期待を集めている。

もちろん、ユーロへの期待が続き、民間投資の活性化へとつながるかどうかは、復興と欧州グリーン・ディールを実現しうるかどうか次第である。だが、ここで確認しておきたいのは、今回もＥＵ経済を守る強い政治的意思が示され、その連帯がユーロの信頼を支えていることである。わずか20年あまりのあいだに、ユーロは何度も危機に見舞われてきたにもかかわらず、ＥＵは、連帯を維持し、ユーロを支える仕組みを強化し、欧州中央銀行（ＥＣＢ）が進化してきたこと（本書、第１、第２、第３章を参照）を考えれば、ユーロは簡単に消滅しそうにない。本書のタイトルを「沈まぬユーロ」としたのはそれ故である。[1]

本書の副題について

「多極化時代における20年目の挑戦」を副題としたことについても説明をしておきたい。今日、米ドルが基軸通貨としての慣性を持ち、国際決済においても投資においても支配的な地位を保持していることは、よく知られている。同時に、一般にはあまり知られていないが、国境を越えたドル建ての決済の大半はアメリカの銀行が関与し、アメリカが強い影響力を持つＳＷＩＦＴ（ベルギーに本部を置く国際銀行間金融通信協会）という決済ネットワークを通じて行われ、この仕組みから排除されるとイランのように国際決済ができなくなってしまう。しかし、中国の台頭にともなって多極化が進む中で、ドルの地位が永続的に安泰という訳ではない。

周知のように、中国は人民元の国際化を進めようとしており、パンダ債（香港以外の中国本土での人民元建て債券）や点心債（香港でのオフショア人民元建て債券）を発行し、上海で人民元建て石油先物市場を創出し、クロスボーダーの人民元決済システム（ＣＩＰＳ）を運用し始めている。ロシアなどアメリカの経済制裁の対象となっている国々は、金融面でも中国との協力を強めている。米中貿易戦争はこうした動きを加速するだろう（本書第6章を参照）。

さらに中国は、人民元のデジタル化を進めている。民間経済主体であるフェイスブックが計画するリブラ（２０２０年12月にディエムに名称変更）に対して、ドイツ、フランス、イタリア、スペイン、オランダが厳格な規制を求める声明を公表し、ＥＵ規制が強化されるとみられるが、ドルもユーロも円もデジタル化を避けることはできないだろう。デジタル通貨は、ブロックチェーン技術を利用し、Ｐ２Ｐ（peer-to-peer）で経済主体間の直接の決済を可能とするので、コルレス銀行（銀行相互間の為替取引契約を締結した銀行）を通じた従来のＳＷＩＦＴのような銀行による国際送金ネットワークを必要とせず、送金手数料も引き下げることができるため利便性が向上する。このように、官民を交えた国際通貨が競争する多極化の時代にいかに適応するかがユーロに求められている（本書第5章を参照）。

以上が、本書のタイトルを『沈まぬユーロ——多極化時代における20年目の挑戦』とした理由である。

本書の構成について

本書の全体の構成を確認しておこう。

第1章「ユーロはいかにして鍛えられたのか――ユーロの軌跡と課題」（伊藤さゆり）は、ユーロ圏の危機と規制・制度の改革をコロナ危機対応と比較しながら振り返り、依然として経済構造改革と格差の解消という課題が残されていることを明らかにしている。

第2章「ユーロの安定はどのように確保されるのか」（星野郁）は、危機を受けてなされた改革について批判的に検討を加え、復興基金に期待しつつ、資本市場同盟、財政統合などの面において、ユーロを支える体制が未完であることを指摘し、ユーロの将来は独仏を軸とする政治統合にかかっていることを指摘している。

第3章「ユーロを守るECB――ユーロ安定のためのECBの役割と評価」（唐鎌大輔）は、特にドラギ元ECB総裁時代の欧州債務危機対応に焦点を当てて、それらが今日のECBの危機防衛ツールへと進化してきたことを整理した上で、コロナ危機に直面したラガルドECB総裁の下で行われる金融政策戦略の包括的見直し作業と気候変動などへの新たな取り組みを注視すべきことを説いている。

第4章「ブレグジット・ショックにユーロは耐えられるのか?」（吉田健一郎）は、イギリスがEUに対して果たしてきた役割を確認した後、ブレグジットがヨーロッパの国際金融センターロンドンに与える影響、ブレグジットがEU及びユーロ圏に与える影響ついて経済、金融の両面から考察し、その影響は資本市場同盟や銀行同盟の進展にもかかっていることを指摘している。

第5章「国際通貨としてのユーロの可能性――国際通貨ユーロは沈まないのか?」（高屋定美）は、国際通貨の定義を確認した上で、現在のユーロの国際的地位を明らかにしている。同時に、人民元や、ディエムなど暗号資産の国際的な利用といった通貨の新たな国際競争の中で、ユーロが安全資産として信頼を勝ち得るかどうかは、加盟国間の結束（連帯）と財政調整能力にあるとの見解を示している。

第6章「中ロ接近とユーロ」（蓮見雄）は、経済制裁を巡るEUとアメリカの齟齬が、中国、ロシアにとってのユーロの魅力を相対的に高め、意図せざる結果として、ロシア、中国、EUの利害が一致し、EU―ロシア間のみならず、ロシア―中国間の貿易決済においてユーロの役割が急激に高まり、それが石油取引にも広がり始めていることを明らかにしている。

以上の構成から、本書が極めて多面的にユーロを分析していることを、ご理解頂けるのではないだろうか。

こうした著書が刊行できたのは、ひとえに執筆者の方々の協力の賜物である。文眞堂の前野弘太氏は、本書の趣旨を理解し、出版をお引き受けくださった。皆様に深く感謝の意を表したい。

最後に、ユーロの今後を考える上で考慮すべき新たな要素として、2020年6月に定められた「持続可能な投資促進のための枠組の確立」に関する規則（Regulation（EU）2020 852）の重要性を指摘しておきたい。これは、気候変動の緩和・適応等に貢献し、かつ他の環境目的を著しく害さないといった条件に基づいて経済活動を分類するタクソノミーと呼ばれる基準を設定するものである。この基準は、グリーン・ボンド（持続可能な金融商品）の基準・ラベル、金融機関のプルーデンス（健全性要件）にも組み込まれ、ＥＳＧ投資（環境、社会、ガバナンスの要素を考慮した投資）に関する情報開示が求められることが予想される。グリーン・ボンドにおけるユーロのシェアは、２０１９年に42％で、ドル建ての32％を上回っている。同年までの発行額累計でも、ユーロ建てのグリーン・ボンドは、ドル建て発行額を超えた。この分野におけるユーロの役割が、さらに高まっていくことは十分考えられる。このサステイナブル・ファイナンスがどの程度、定着していくかは、欧州グリーン・ディールの進捗にもかかっており、ユーロとともにEU全体の動きを観察していく必要がある。

（蓮見　雄）

［注］

1　表現として、山崎豊子著『沈まぬ太陽』からヒントを得たが、言うまでもなく「沈まぬ」に込められた含意は異なる。

［参考文献］

Climate bonds Initiative (2020) Green Bonds Global State of The Market 2019.

目次

第1章　ユーロはいかにして鍛えられたのか

――ユーロの軌跡と課題

はじめに

本章では、ユーロ導入から世界金融危機、ユーロ危機という2つの危機を経て、コロナ禍という新たな危機に直面するユーロ圏の軌跡を辿る。

第1節で、誕生以来のユーロ圏を2つの危機に対応した規制・制度面での改革に重点を置き振り返る。第2節では、コロナ危機前夜のユーロ圏は、経済・雇用の回復が不十分で、構造改革も期待通りには進まず、圏内格差が解消できないままであったことを明らかにする。第3節で、コロナ危機対応を過去の2つの危機との比較を交えながら比較し、今後の課題を整理する。

第1節　ユーロ20年の軌跡

11カ国から19カ国に拡大したユーロ圏

欧州単一通貨ユーロは、１９９９年1月1日、11カ国体制で始動し、２０２０年時点で19カ国が導入している。ギリシャは、１９９８年5月のユーロ導入第一陣を決める審査で唯一不合格となったが、２度目の審査で合格し、２００１年にユーロを導入した。その後、２００４年5月以降に欧州連合（ＥＵ）に新規に加盟した国からも、２００７年のスロベニアを皮切りに、２０１５年1月のリトアニアまで7カ国がユーロを導入した。

さらなる拡大も視野に入りつつある。ユーロ未導入のEU加盟国は8カ国ある。デンマークは、ユーロ導入以前からの加盟国で、ユーロ未導入のオプトアウトの権利を有するが、その他の7カ国は条件に適合次第、ユーロを導入する義務を負う。２０２０年7月、クロアチアとブルガリアの対ユーロ為替相場の安定を図る欧州為替相場メカニズム（ＥＲＭⅡ：European exchange Rate Mechanism II）の参加が決まり、両国は、ユーロ導入の準備段階に入ることになった。早ければ２０２３年にも新たなユーロ導入国が生まれる[1]。

ユーロ危機の渦中では、ギリシャなど過剰債務国のユーロ離脱による分裂が現実味を帯びたが、結

図表１　ユーロ導入後の主な出来事とユーロ圏とアメリカの実質 GDP の推移

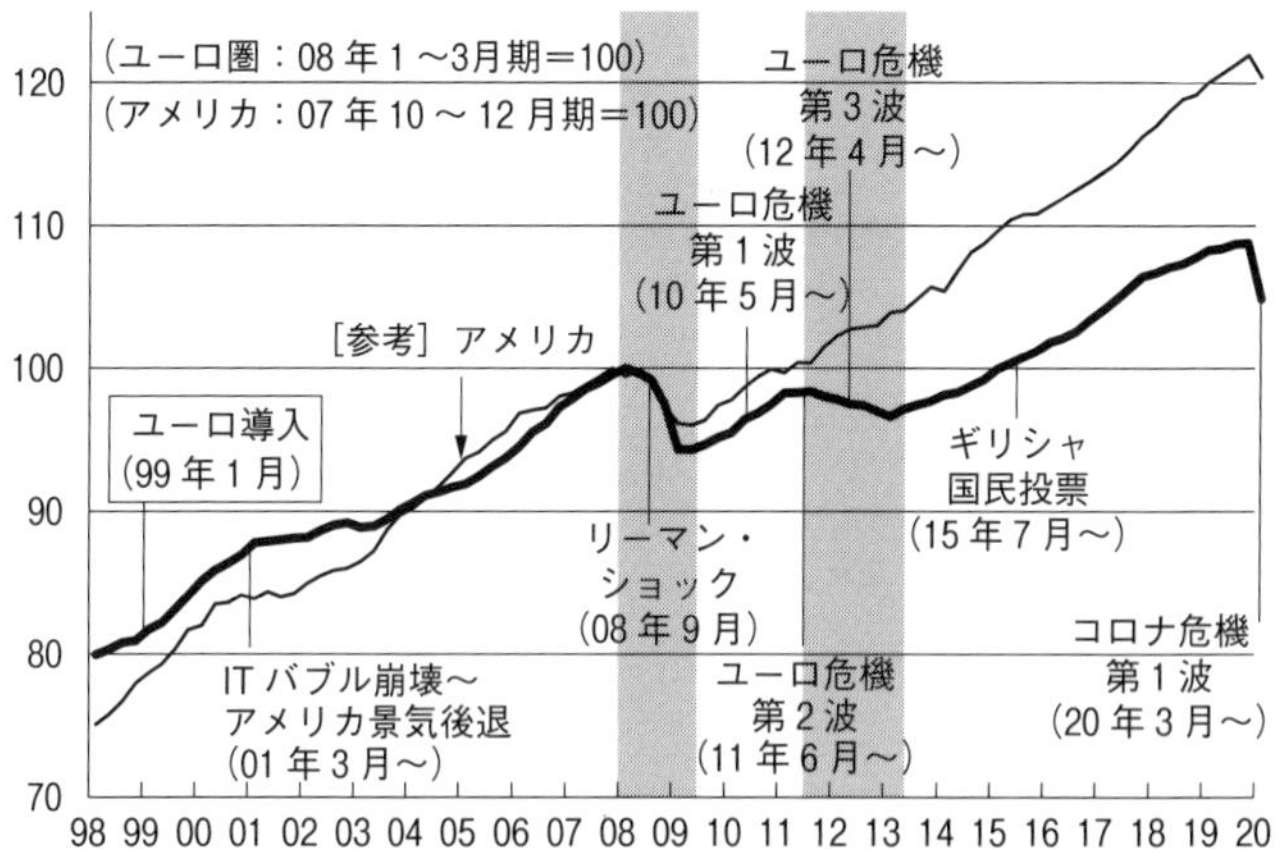

（注）シャドーは経済政策研究センター（CEPR）が作成するユーロ圏の景気基準日付に基づく景気後退局面を示す（世界金融危機前の山は 08 年 1〜3 月、谷は 09 年 4〜6 月、ユーロ危機時は、山が 11 年 7〜9 月期、谷が 13 年 1〜3 月期）。ユーロ危機の時期区分は田中（2016）による。
（出所）欧州委員会統計局（eurostat）。

果として、これまでに参加国数の減少はなく、むしろ拡大の一途を辿ってきた。

しかし、導入以来、２つの危機、コロナ危機を入れると３つの危機に見舞われたユーロ圏の経済、金融の軌跡は決して平坦ではなかった。

世界金融危機の前と後

ユーロ圏は、導入から10年目の世界金融危機前までは、表面的には順調だった（図表１）。ＩＴバブル崩壊に端を発するアメリカの景気後退（01年3月〜11月）や、急激なユーロ高とイラク戦争（03年）などで、実質ＧＤＰで見た成長の勢いが鈍る局面はあり、特に、中核国ドイツの経済は奮わなかった。ユーロ導入時に為替相場が割高な水準で固定されたことが響いた。それでも、ユーロ圏全体としての景気拡大は続き、特に、2000年代半ば以降は、ドイツ経済の競争力の回復や、世界的な好景気の追い風もあり、成長が加速した。

しかし、導入から10年のユーロ圏には、世界金融危機での大きな打撃とその後のユーロ危機の拡大への布石となる「不均衡」が蓄積されていた。

ユーロ導入以来の最初の景気後退局面は、アメリカのサブプライム危機とスペインやアイルランドなど圏内の一部での住宅バブルの崩壊で始まる。実質GDPは、2008年1～3月期をピークに低下に転じ、リーマン・ショック（08年9月）を挟んで、2009年4～6月期まで、景気後退が続いた。

世界金融危機による景気後退局面を脱した後の拡大局面は2011年7～9月期までとごく短い期間で途切れた。2010年5月のギリシャの財政危機を引き金に圏内に3波にわたる債務危機（ユーロ危機）が拡大したからだ。

震源地のアメリカ以上に大きかった世界金融危機の打撃

世界金融危機で、ユーロ圏は、震源地のアメリカ以上に大きな打撃を受け、続いて、ユーロ危機に陥った。単一通貨の導入による金融構造の変化に、規制や監督制度が十分追いついていなかったことが原因だ。

ユーロ圏の金融構造は、銀行を中心とする間接金融主体のシステムで、資本市場が発達した直接金

図表2　ユーロ圏銀行総資産、債券発行残高、上場株式発行残高の推移

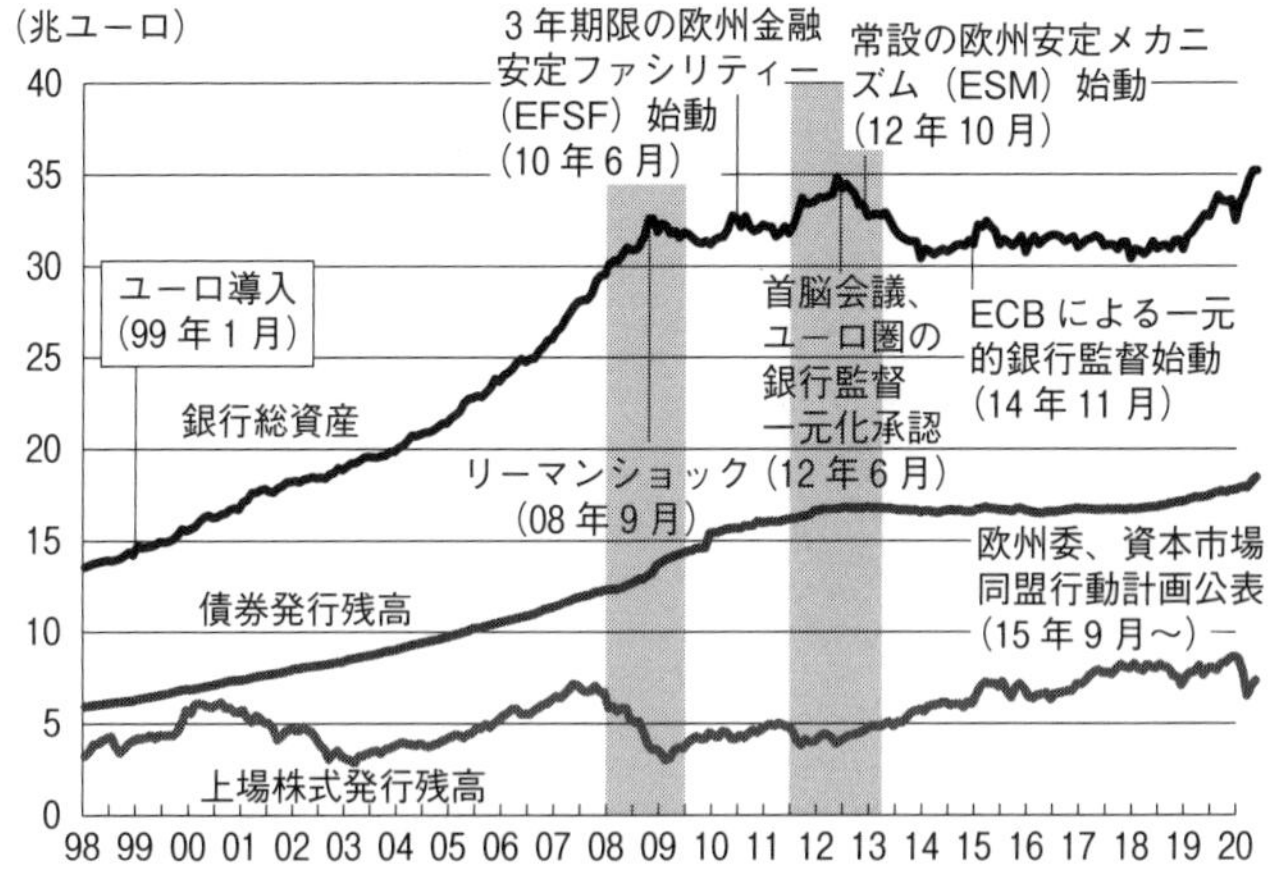

(注) 債券発行残高と上場株式発行残高はユーロ圏居住者によるもの。
　　債券発行残高のみ季節調整値。
(データ出所) 欧州中央銀行 (ECB)。

融が主体のアメリカとは異なる。銀行がユーロ圏の金融システムの中核を構成し、金融政策の主な波及経路となる。その銀行にとって、単一通貨の導入は、圏内での国境を超える競争を促進する効果がある。「通貨の壁」という母国市場における優位性を失わせ、圏内の通貨間の為替業務や、圏内での通貨分散投資という銀行にとっての収益機会も消滅する。

こうした競争環境、経営環境激変への対応の結果、ユーロ圏の銀行市場には、域内外での国境を超える債権・債務の拡大、国境を超える銀行の合併による多国籍化などの構造変化が起きていた。レバレッジを活用した業務の拡大で、ユーロ圏の銀行の総資産はこの時期に急拡大した(図表2)。

他方で、銀行監督面では、免許を給付した

母国が監督するEUの単一市場の「母国監督主義」の原則が、単一通貨導入後も維持された。

世界金融危機では、急激に市場の流動性が枯渇し、金融機関の支払い能力の懸念が増大した。これを機に、単一通貨圏内での監督機関間の連携の不足や、監督機関の間での能力のばらつきといった問題が一気に表面化した。

世界金融危機からユーロの危機へ

金融システム危機は、急激な景気の後退、財政悪化を引き起こした。ギリシャの財政危機の直接の引き金は、政権交代による財政統計の不正の表面化（09年10月）だ。銀行や投資家は、世界金融危機による損失や、流動性の危機の経験から、リスク許容度が低下していたため、ギリシャの財政を巡る悪材料に敏感に反応した。

ユーロ導入国後も各国の国債の信用格付けには差があったが、ユーロ導入からリーマン・ショック（08年9月）まで、10年国債利回りの格差はほぼ消滅していた（図表3）。「不可逆的な通貨」としてのユーロ、圏内での財政の相互監視のメカニズムへの信頼から、高金利国への資金が流れやすくなったからだ。

しかし、リーマン・ショックを境に状況は変わり始める。さらに、ギリシャの財政の実態が明らかになるに連れて、ギリシャがデフォルト（債務不履行）に陥った場合、想定外の損失を負う圏内の銀行の経営への懸念が広がった。南欧などの過剰な政府債務を抱える国が、ギリシャ同様の事態に陥る

図表3　独仏伊と支援要請国の10年国債利回り

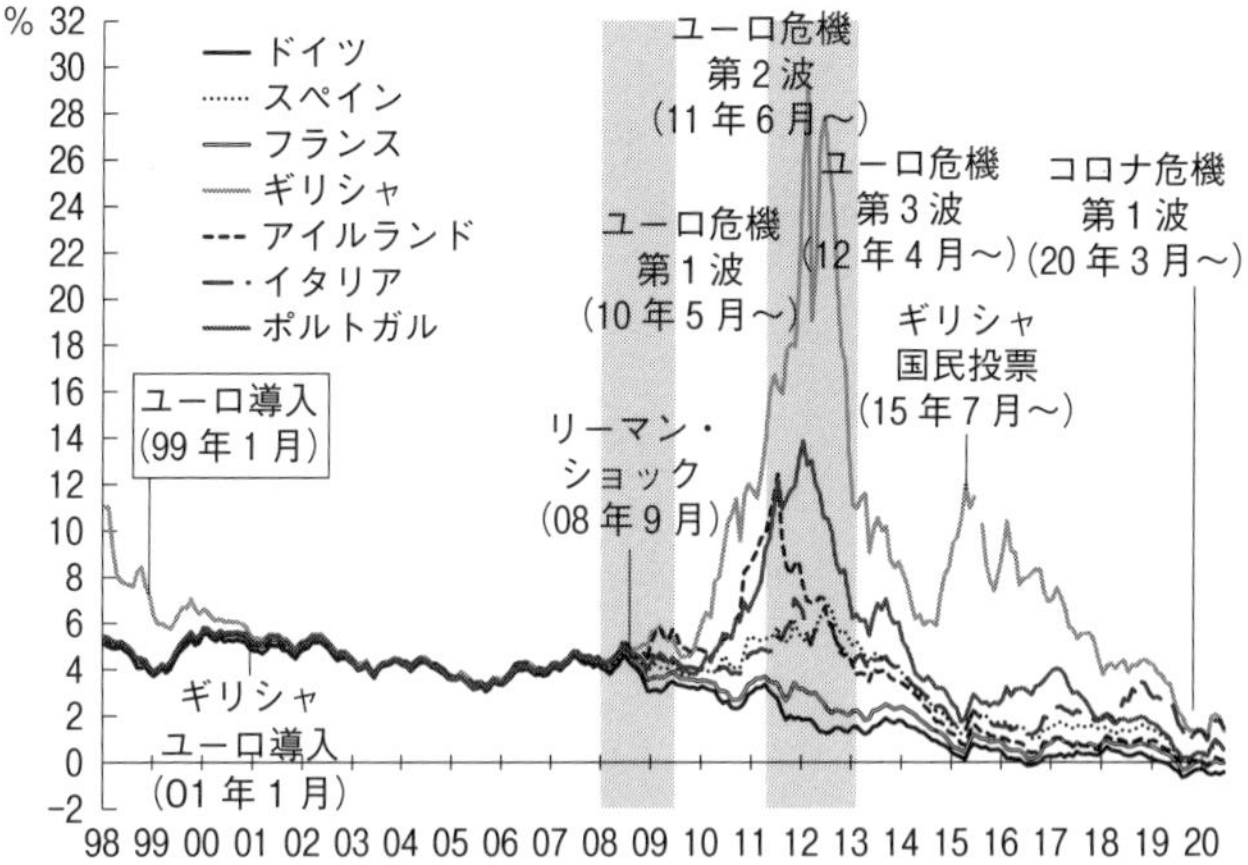

（出所）欧州中央銀行（ECB）。

ことへの不安も広がった。ユーロ圏の国債市場では、信用力と流動性を兼ね備えたユーロ圏の国債市場のベンチマークであるドイツの国債利回りとの格差（対独国債スプレッド）が拡大に転じた（図表3）。

ＥＵは、ギリシャの無秩序なデフォルトが、金融システム危機の再燃につながることを阻止すべく資金繰りを支援することを選択したが、事態の収拾には時間を要した。ギリシャが小康状態を保てるようになるまで、２０１０年５月に合意した第１次支援を含めて合計４次にわたる支援が必要だった。その間、アイルランド（支援プログラム承認10年11月）、ポルトガル（同11年５月）、キプロス（同13年４月）、スペイン（銀行増資支援ローン承認12年７月）にも支援が必要になった。イタリアは、支援要請には至らなかったが、国債利回り上昇の強い圧力を受けた（図表３）。

なぜユーロ危機の沈静化に時間を要したのか

危機の沈静化に時間を要した根本的な原因は、ユーロ圏には危機を想定した枠組みもルールもなかったため、市場の不安が先行し、対応が後手に回ったことにある。

ギリシャの問題が発覚した当初、ユーロ導入国が、自力での資金繰りが困難になる事態を想定した支援の枠組みの欠如がまず問題となった。2010年5月に、ユーロ圏から800億ユーロ、国際通貨基金（IMF）から300億ユーロの合計1100億ユーロのギリシャ支援と3年期限でユーロ導入国を対象とする支援能力4400億ユーロの欧州金融安定ファシリティー（EFSF）創設が決まった。EFSFの創設により、支援能力は、国際収支上の困難に陥った国を支援するEUの枠組み・欧州金融安定メカニズム（EFSM）の600億ユーロ、IMFからの2500億ユーロを合わせて7500億ユーロとなった。それでも、先述のように、ギリシャ情勢の悪化と他国への伝播が続いたため、支援能力の不足への不安は消えなかった。結局、EFSFの規模と能力の拡張を経て、2012年10月に常設の支援の枠組み、安全網として欧州安定メカニズム（ESM）を備えることになった。

支援の手法にも問題があった。ギリシャの第1次支援では、支払い能力回復のための債務再編を見送ったため、支払い能力への不安を封じ込めることができず、ギリシャに過度の負担を強いた。

支援の条件にも問題があった。ギリシャ以外の国にも、支援の条件として厳しい財政緊縮と構造改革を求めた。被支援国は、財政と金融システムの問題と景気の悪化が相互に影響を及ぼし合う悪循環

図表4　ユーロ圏の景気循環と財政政策のスタンス

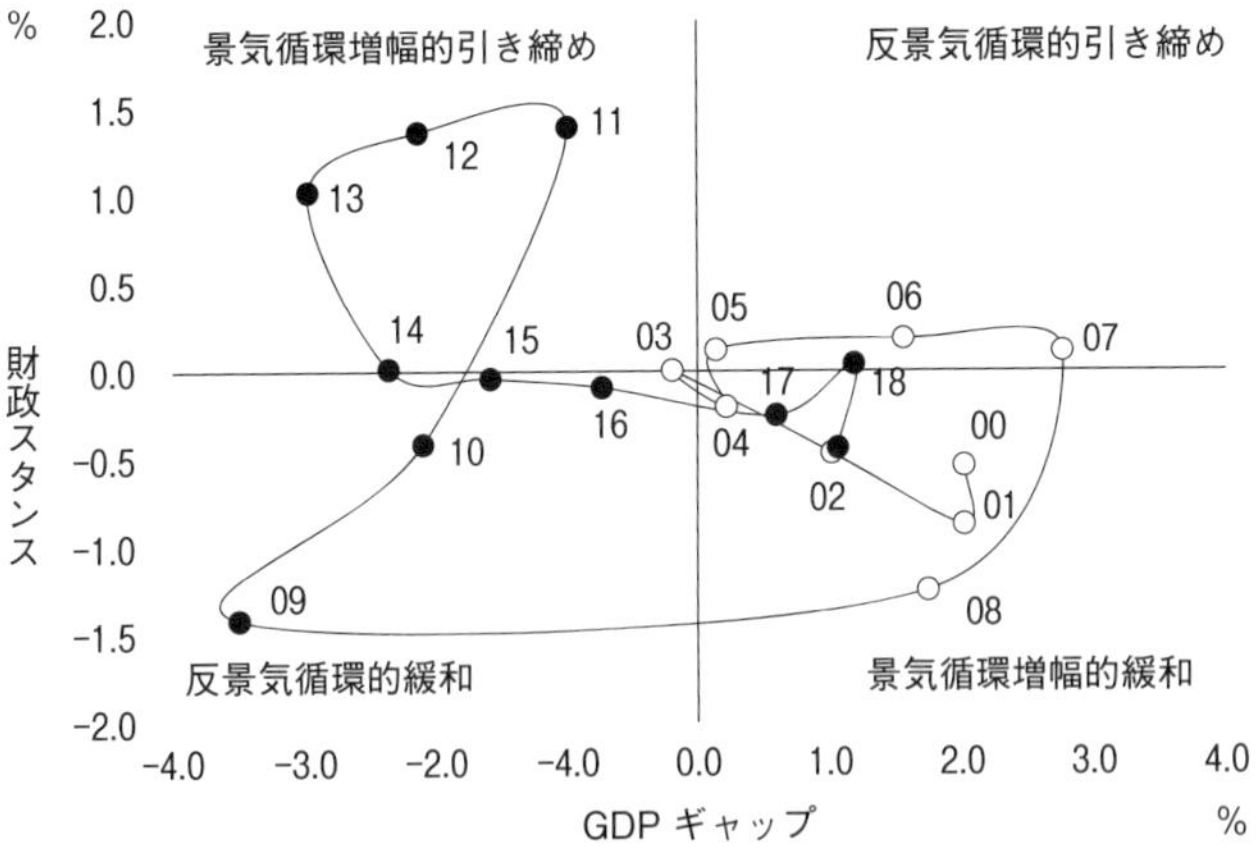

（注）財政スタンスは景気循環調整後の基礎的財政収支の対潜在GDP比の前年差。GDPギャップは潜在GDPと実際のGDPとの差の対潜在GDP比。
（出所）国際通貨基金（IMF）fiscal Monitor、欧州委員会 AMECO database。

に陥った。

景気循環を増幅した不況下の財政緊縮

ユーロ危機への政策対応で、財政政策が不況を深化させる景気循環増幅効果が強く働いた様子は、図表4で確認できる。

財政政策のスタンスは、景気循環による影響を調整した後の基礎的財政収支（利払い費を除く財政収支）の対潜在GDP比の前年差で測る。前年差の改善（黒字の増加や赤字の減少）は緊縮的、悪化（黒字の減少や赤字の増加）は拡張的な財政スタンスを示す。図表4は、財政スタンスと潜在GDPと実際のGDPの差（GDPギャップ）、つまり需要不足の大きさとの関係を示したものだ。ユーロ導入から世界金融危機まで（図表4では白抜きの印で示した期間）のほとんどは、グラフの右下、つまり好況期の緩和（景気循環増幅的緩和）が行われ、世界金融危機の直前はグラフの右上、つまり好況期の緊縮（反景気循環的引き締め）に転じていたが、その幅がごく僅かだったことが確認できる。世界金融危機の翌年の２００９年はグラフの左下方向、つまり不況期の緩和（反景気循環的緩和）に大きく動き、２０１０年も規模は縮小しながらも拡張的なスタンスが維持された。しかし、ユーロ危機下の２０１１年から２０１３年までは、グラフの左上にシフトし、かなり厳しい緊縮でＧＤＰギャップが拡大したことが確認できる。

この時期の財政緊縮による景気循環増幅の原因は、債務危機に見舞われた国々が支援条件に適合するため、あるいは、支援体制入りを回避するために財政緊縮に動いたことだけではなかった。被支援国以外の国々も、財政健全化に動き、過剰債務国の財政緊縮の悪影響を打ち消す取り組みを欠いたことも影響した。

ユーロ導入以来の景気循環増幅的な財政政策運営は、ユーロ圏の経済ガバナンスの枠組みと関係する。ユーロ導入後、財政政策は導入時の審査の財政面での条件である財政赤字のＧＤＰ比３％、政府債務残高の同60％を基準値として、相互監視する体制となった。ＧＤＰ比３％を超える過剰な財政赤字を計上した国に対する事後的な是正手続き（EDP：Excess Deficit Procedure）も定めた。ユーロ導入審査時に、政府債務残高の基準値は柔軟に解釈されたため、１９９９年の段階で、ルクセンブルクの同８％からベルギーの同１１５・４％までかなりの差があった。高債務国には、前掲図表３で示したユーロ導入による信用補完効果による金利低下と、財政ルールへの適合を目指すことで、好況

図表5　ユーロ参加国の政府債務残高対GDP比

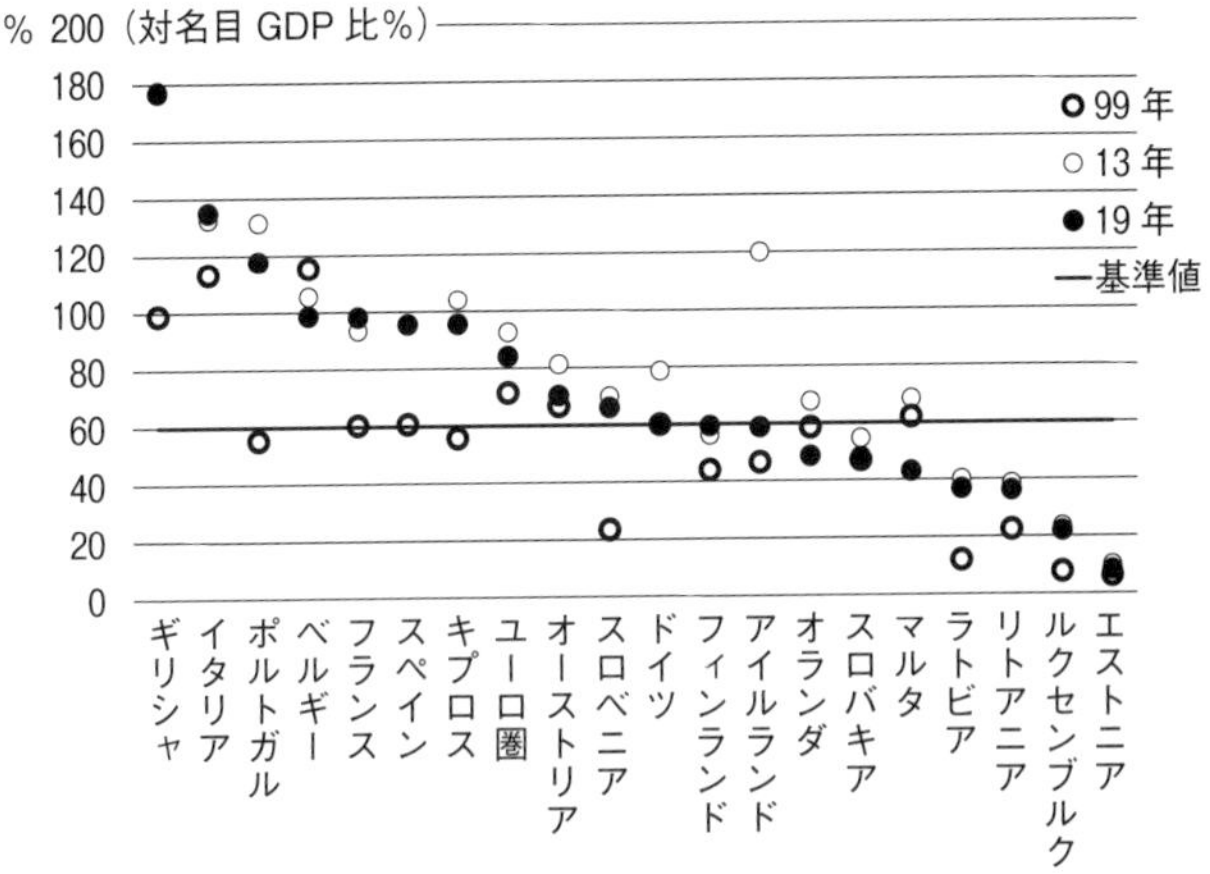

（注）99年時点でユーロを導入していない国の99年の値は細線で示した。
（出所）欧州委員会統計局（eurostat）。

期に財政健全化を進め、不況期のための財政余地を確保することが期待された。しかし、世界金融危機前の反景気循環的引き締めがごく短期間かつ小幅だったことが示すとおり、財政健全化と収斂は期待ほどには進まなかった。ユーロ危機で明らかになったように、一旦、信用不安が生じて、利回りが跳ね上がると、政府債務残高の規模は大きな重圧となるが、世界金融危機前の財政監視では、EDPの手続きのため、財政赤字は注視されたが、60%の基準値に向けた債務の削減は軽視された。

世界金融危機後の経済ガバナンス改革は、2011年から2013年にかけて、支援の枠組み作りと並行して3段階で進められた[2]。2つの危機を教訓に、財政悪化の原因となりうる国際収支の不均衡、競争力の低下、信用ブーム、高失業などのマクロ経済の不均衡との一体監視のほか、ＥＤＰの強化、均衡財政の原則化、予算案の事前監視などを取り入れた。ルール上は、ＥＤＰの罰則はより発動しやすく、過剰な債務にはより厳しく、放漫財政を未然に防止できるようになった。

しかし、ユーロ危機の渦中で導入された新たなルールでは、ユーロ参加国の財政政策には緊縮バイアスが掛かりやすく、ユーロ圏としての協調財政政策という視点は弱い。ルール厳格化後も、期待されていた財政健全化の方向への収斂は進まず、ルールが複雑になり過ぎて、かえって効果を発揮しにくくなっているとの批判も根強い。

ギリシャ反乱で確認されたユーロ圏の進化

ユーロ危機は、およそ２年にわたり拡大し、２０１２年夏をピークにようやく収束した。

２０１５年６月から７月にかけて、チプラス政権（当時）下のギリシャとＥＵ、ＩＭＦとの支援協議の決裂、支援停止、ギリシャが国民投票でＥＵの支援条件にノーを突きつけるという「反乱」が起きた。ギリシャ政府とＥＵとの関係悪化とともに、ユーロ離脱への懸念から、ギリシャの銀行から預金が流出し始め、ＥＣＢがギリシャ中銀に特例で認めていた緊急流動性支援（ＥＬＡ）に頼るようになっていた。支援停止を受けて、ＥＣＢもＥＬＡの上限引き上げに応じなくなったことで、ギリシャ政府は預金封鎖、資本取引規制の導入に追い込まれた。結果的に、ギリシャは、国民投票後、すぐに支援要請し、ＥＵも支援再開で応じたのだが、ギリシャ情勢に限れば、事態はユーロ危機の３波よりも深刻だった。[3]

しかし、2012年夏以前のように、ギリシャの反乱に、圏内他国の国債利回りが、自力での資金繰りが困難な水準に押し上げられ、新規支援や追加支援に追い込まれるようなことはなかった（前掲図表3）。ギリシャ以外の支援要請国4カ国は、当初の期限通りに支援プログラムを卒業した。

2015年のギリシャの反乱の影響がユーロ危機の第4波に発展しなかった理由は3つある。

第1の理由は、ギリシャの債務構造の変化だ。2015年の段階では、民間が保有するギリシャ政府の債務が再編され、債務の多くが公的支援に置き換わっていたことだ。ギリシャがデフォルト（債務不履行）すれば政治的には重大な問題だが、ギリシャ以外のユーロ圏の金融機関の経営に深刻な影響を及ぼすことはないと考えることができた。

第2の理由は、世界金融危機とユーロ危機への対応として、あるいは、2つの危機を教訓として、規制・制度改革が進んでいたことだ。ギリシャの反乱の時点では、常設の支援の枠組み・ESMは稼働済みだった。銀行監督の分散の問題にも、2012年6月の首脳会議での銀行監督の一元化の合意に始まる「銀行同盟」への移行という形で是正が進んでいた。2014年11月からはECBが単一銀行監督機関（SSM：Single Supervisory Mechanism）の役割を担うようになり、単一破綻処理メカニズム（SRM：Single Resolution Mechanism）も2015年1月に稼働した。ECBは、銀行監督の一元化を前に、直接監督下におく大手行を対象に、加盟各国の銀行監督当局と連携して、統一基準による「資産査定（asset quality review）」と「ストレステスト（包括的審査、Comprehensive

Assessment)」を実施した。この措置をターゲットに、銀行が、不良債権の処理と自己資本比率の引き上げに動いたため、2014年初にかけては貸出の圧縮が進んだ。前掲図表2でも銀行総資産の縮小が確認できるが、SSM発足後の2015年には安定するようになっていた。ユーロ圏全体の財政スタンスも、2014〜2016年は前掲図表4の縦軸のゼロ近辺、つまり「緊縮」から「中立」に転じていた。

第3の、おそらく最も大きな理由と考えられるのがECBの政策運営だ。ユーロ危機が沈静化に向かった2012年夏には、ESMの始動や「銀行同盟」への移行が視野に入り始めていた。しかし、ユーロ危機の収束に最も効果を発揮したのは、2011年11月にECBの新総裁に就任したマリオ・ドラギ総裁体制下の巧みな政策運営である。ECBがユーロを守るために果たしてきた役割は、本書第3章のテーマであり、ここでは踏み込まない。ギリシャの反乱の時点では、ECBの金融政策はユーロ危機対応から緊縮バイアスが掛かった財政政策と銀行健全化のプロセスでの信用収縮圧力がもたらす日本型デフレ・リスクの回避のため、マイナス金利政策（2014年6月〜）と資産買入れによる量的緩和（2014年10月〜）に動き、経済と金融システムの安定を支えていた。前掲図表3で確認できるように、支援要請国の利回りは、ギリシャ反乱時にごく一時的に上向いたものの、ベンチマークであるドイツ国債利回りに連動する形での利回りの低下傾向が続いた。ECBの政策によるところが大きい。

第２節　コロナ危機前夜のユーロ圏

コロナ危機は、ユーロ圏固有の問題が原因ではないが、世界金融危機後のように、ユーロ圏の制度に脆弱性があったり、持続不可能な不均衡が内在していたりすれば、ユーロ危機に発展するおそれがある。

以下では、世界金融危機からコロナ前までのユーロ圏の回復のレベル、２０１０年に始動したＥＵの10カ年の成長戦略「欧州２０２０」の数値目標から見た構造改革の目標の達成度、ユーロの持続可能性に関わる圏内の収斂と格差という3つの角度から、危機前夜のユーロ圏が直面していた問題を確認する。

不十分だった経済・雇用の回復

コロナ前のユーロ圏が直面していた問題の1つは経済・雇用の回復の鈍さだ。

世界金融危機後のユーロ圏の回復は、前節で確認したとおり、3波に及ぶ危機からの脱却に時間を要したことで、震源地のアメリカに大きく後れをとった。アメリカの世界金融危機前の景気のピークは２００７年12月、底入れは２００９年６月で、世界金融危機による景気後退局面の長さはユーロ圏と同じ程度だった。しかし、その後の景気拡大は、2020年2月にコロナ危機で急ブレーキがかかるまでの128カ月と遙かに長く続いた。実質GDPは、アメリカの場合、コロナ危機直前（2019年10～12月期）には世界金融危機前のピーク（2007年10～12月期）を22％上回る水準に達していたが、ユーロ圏は8・8％に留まっていた。

雇用の回復にもユーロ圏の方が時間を要した。そもそも、アメリカとユーロ圏の労働市場の間は、構造的な違いからくる調整のスピードの差がある。アメリカの労働市場は、雇用保護の度合いが低く、弾力的であり、景気悪化時には雇用調整が進み、景気の回復と共に失業率は低下に転じる。ユーロ圏では、労働市場の改革などによる変化は見られるものの、アメリカに比べれば、なお、雇用保護の度合いが高く、景気後退局面でも、失業の増大が抑えられる。他方、過剰な雇用を維持する企業の業績回復が遅れ、景気底入れ後も新規雇用が抑えられやすい。世界金融危機でも、アメリカの失業率は急上昇したが、2009年10月はピークアウトした。長期にわたる景気拡大によって、失業率の低下は続き、コロナ危機直前は3・5％と1950年代以来の低水準に達していた。ユーロ圏は、4年遅れの2013年に12・1％でピークアウトした後、緩やかながらも景気回復が続いたことで、コロナ危機の影響が本格的に広がる前の2020年3月に7・1％と世界金融危機前のボトム（7・3％）をようやく更新するところまで改善していた（図表6）。

ユーロ圏におけるコロナ危機は、2020年2月、新型コロナウイルス（以下COVID-19）の感染症の北イタリアでのクラスターの発生に始まった。3月に入って、イタリア、スペイン、フラン

図表６　ユーロ圏とアメリカの失業率

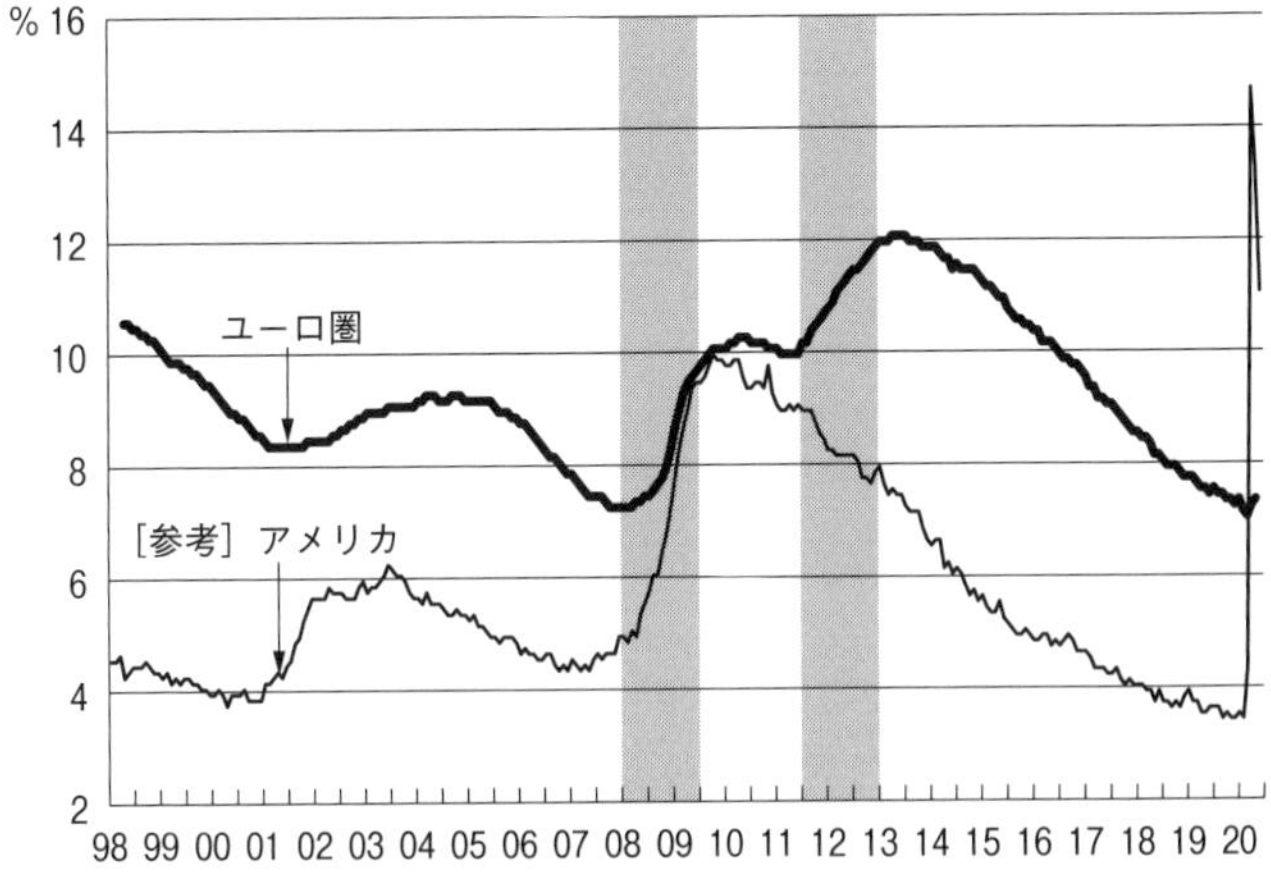

(注) シャドーは経済政策研究センター (CEPR) が作成するユーロ圏の景気基準日付に基づく景気後退局面を示す
(出所) 欧州委員会統計局 (eurostat)、米商務省経済分析局 (BEA)。

スを始め、多くの国がロックダウン（都市封鎖）などの厳しい行動制限による感染拡大抑制策に動いた。並行して、異例の規模とスピードで、経済活動の急停止が失業や企業の破綻の急増につながることを阻止する対策に動いた。アメリカもやや遅れて行動制限と大規模な経済対策に動き出した。

こうしたコロナ危機の初期の影響も、実質GDPと失業率のデータで確認しておこう。実質GDPは、コロナ禍が広がった当初の2020年1～3月期の落ち込みは、アメリカよりもユーロ圏の方が大きかった（前掲図表1）。ユーロ圏の方がアメリカよりも行動制限に動き出したタイミングが早く、より厳しかったことが一因だ。行動制限や渡航制限の影響は、観光業、宿泊業、飲食業、娯楽業などに特に大きいとされる。ユーロ圏には、南欧など、これらの産業への依存度が高い国が多いことも影響がより大きいと見られる理由だ。4～6月期は、行動制限の影響が最も大きく表れ、ユーロ圏は世界金融危機時のボトムを更新した。

失業率は、ユーロ圏は3月を底に上昇に転じたが、その幅はごく小さい。アメリカは3月から4月にかけて失業率が4・4％から14・7％に急上昇し、5月以降は、低下に転じたが、コロナ禍以前を大きく上回るレベルにある。

こうした違いは、労働市場の構造からくる調整スピードの違いとともに、ユーロ圏とアメリカのコロナ危機対応の雇用対策の質的な違いによって説明できる。政策対応の全体像は第3節で取り上げるか、労働市場政策では、ユーロ圏は、感染拡大抑制のための行動制限が失業の急増を招き、恒久的な影響を残さないよう、時短勤務に対する補助金など、雇用維持のための政策に重点を置いた。OECD（2020）によれば、2020年3～4月に雇用維持のための政策で守られた雇用は、フランスでは40・3％、ドイツでは23％、スペインでは14・6％に相当する。アメリカも、3～4月にかけて総額約3兆ドルという過去最大規模の景気対策をまとめ、雇用維持のための補助金も盛り込んだが、雇用対策の力点は、失業者への所得補償に置かれた。OECD（2020）によれば、アメリカの場合、雇用維持対策で守られた雇用は労働力人口の0・09％に過ぎない。

コロナ禍からの回復において、欧米型のどちらのアプローチが、調整の痛みが小さく、円滑な回復につながるのか、本稿執筆の時点では判断が難しい。少なくとも、3～4月に初期の政策対応を決定した時点で想定されていたよりも、欧米ともに感染拡大の抑制と経済活動の水準の引き上げの両立に苦慮し、景気の停滞は長引く見通しとなっている。危機対応の政策の期限切れは、欧米ばかりでなく、日本においても検討を要する課題となっている。ユーロ圏型の、幅広く雇用を守る政策は財政の負担が大きく、長期の継続はそもそも困難だが、衰退産業から成長産業への労働力の移動を妨げて、必要な構造改革を阻むリスクもある。ユーロ圏の場合、失業の急増を抑えたものの、雇用支援の縮小のタイミングで失業が急増するおそれがある上に、雇用支援策が却って成長が期待されるセクターへの労働力の移動を阻み、景気回復を遅らせるリスクもある。結果として、2つの危機の後のように、失業増加ペースは緩やかでも、その解消までに、アメリカよりも、長い時間を要することも想定される。

デジタル化、気候変動、格差是正でも成果は不十分

ユーロ圏の経済成長や雇用調整の速度がアメリカに見劣りするとしても、それだけで「ユーロ」は失敗と断じることはできない。EUの10カ年の成長戦略「欧州2020」は、世界金融危機後、ユーロ危機の拡大期に差し掛かりつつあった2010年に始動した。前身の10カ年の成長戦略「リスボン戦略」は、2つの危機による深刻なダメージの原因となる不均衡の蓄積を許した。これを教訓に、「欧州2020」は、新たな経済ガバナンスによる監視体制に組み込み、「賢い成長、持続可能な成長、包括的な成長」を目指した。アメリカでは、世界金融危機以降の景気回復局面でも、所得の上位1％への集中化がさらに進むなど、格差の拡大が続き、社会の分断は深まっている。成長の速度で

ユーロ圏がアメリカに劣っていたとしても、目標方向への構造転換が成果を収めているならば、その点を積極的に評価すべきだろう。

しかし、残念ながら、「欧州2020」が掲げた数値目標の達成率（図表6）に基づけば、「賢い成長、持続可能な成長、包括的な成長」のいずれの面でも成果は不十分だったと言わざるを得ない。

「賢い成長」とは「知識と研究とイノベーションを基盤とする経済の発展」を目指すものだ。「欧州2020」では、数値目標として、「R&D投資の名目GDP比3％」と教育に関する「学業放棄の割合の15％から10％への削減」、「30～34歳の高等教育卒業比率の31％から40％への引き上げ」を設定した。うち、教育の目標は、高等教育の比率が、ユーロ圏で40・5％（EUで41・6％）と目標を超過達成するなど、一連の数値目標の中で達成率が高い。他方、「リスボン戦略」からも引き継がれた目標であるR&D投資は、ユーロ圏全体では2010年時点の2％から直近（18年）は2・2％と改善は僅かで、目標の達成に必要な改善幅の2割ほどだ。R&D投資比率は、もともと北欧では高く、南欧では低く、比率が高い国ほど改善幅が大きい傾向も観察される。底上げによる収斂は進んでいないわけだ。そもそも、EUあるいはユーロ圏はこの領域で覇権を争う米中の二大国の後塵を拝しており、改善の余地を多く残すことは明らかである。

「持続可能な成長」は「資源効率的でグリーンな、競争力のある市場」を目指すものだ。EUとしての数値目標は、「温室効果ガス排出量の1990年比20％削減」、「最終エネルギーに占める再生可能エネルギー比率の20％への引き上げ」、「エネルギー利用効率の20％引き上げ」である。うち、19

図表7　ユーロ圏の「欧州2020」の数値目標の達成率

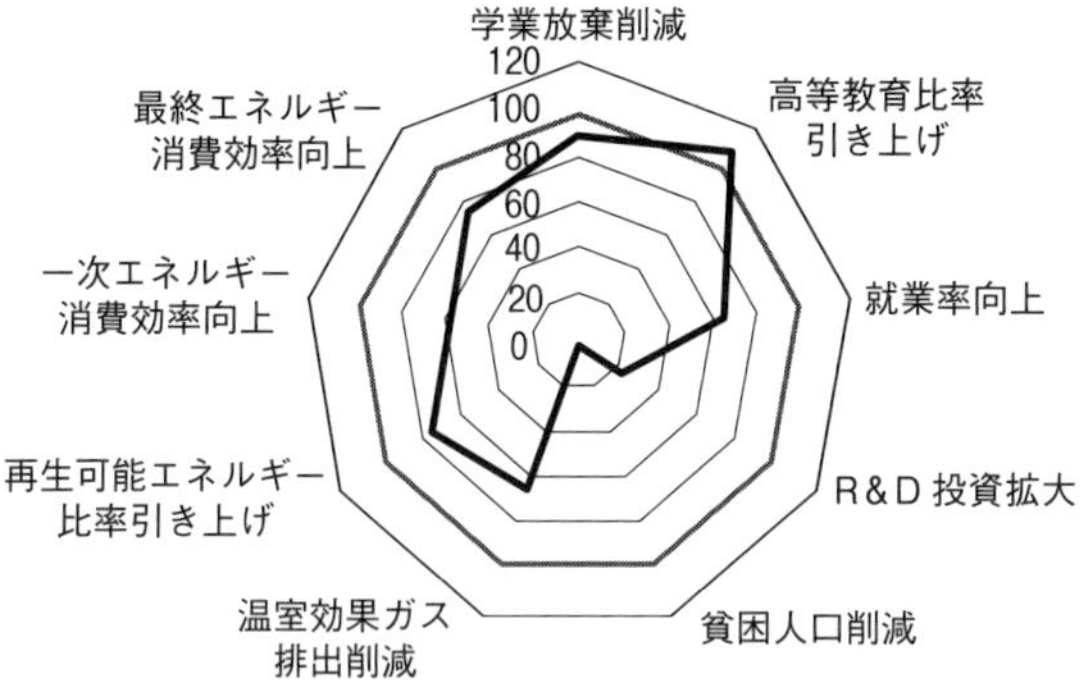

（注）2010年実績から数値目標の実現に必要な改善幅を100とした場合の達成率。

温室効果ガス排出量については90年比20％削減の共通目標からの乖離の加重平均、その他のエネルギー関連の指標は各国の目標達成に必要な改善幅に対する達成率の加重平均値。

（出所）欧州委員会統計局（eurostat）。

９０年を基準年とする温室効果ガス排出量削減は各国共通の目標だが、再生可能エネルギー比率とエネルギー利用効率は、各国が個別に目標を設定した。図表7には加重平均で試算したユーロ圏の目標の達成度を示したが、いずれも直近（18年時点）では未達である。コロナ禍による２０２０年の深い景気後退で持続可能な成長目標は改善が見込まれるが、目指すところは経済・雇用の成長と気候中立化の両立である。今後、エネルギー転換や資源効率の向上を図りながら復興を実現できるかによって真価が問われることになる。

「包括的な成長」は、「雇用を創出し、貧困を削減する政策」を通じて実現する。「20～64歳の就業率の75％への引き上げ」と「EU全体で２０００万人以上を相対的貧困と社会的排除[4]から救い出す」数値目標を設定した。

図表８　ユーロ圏の失業率

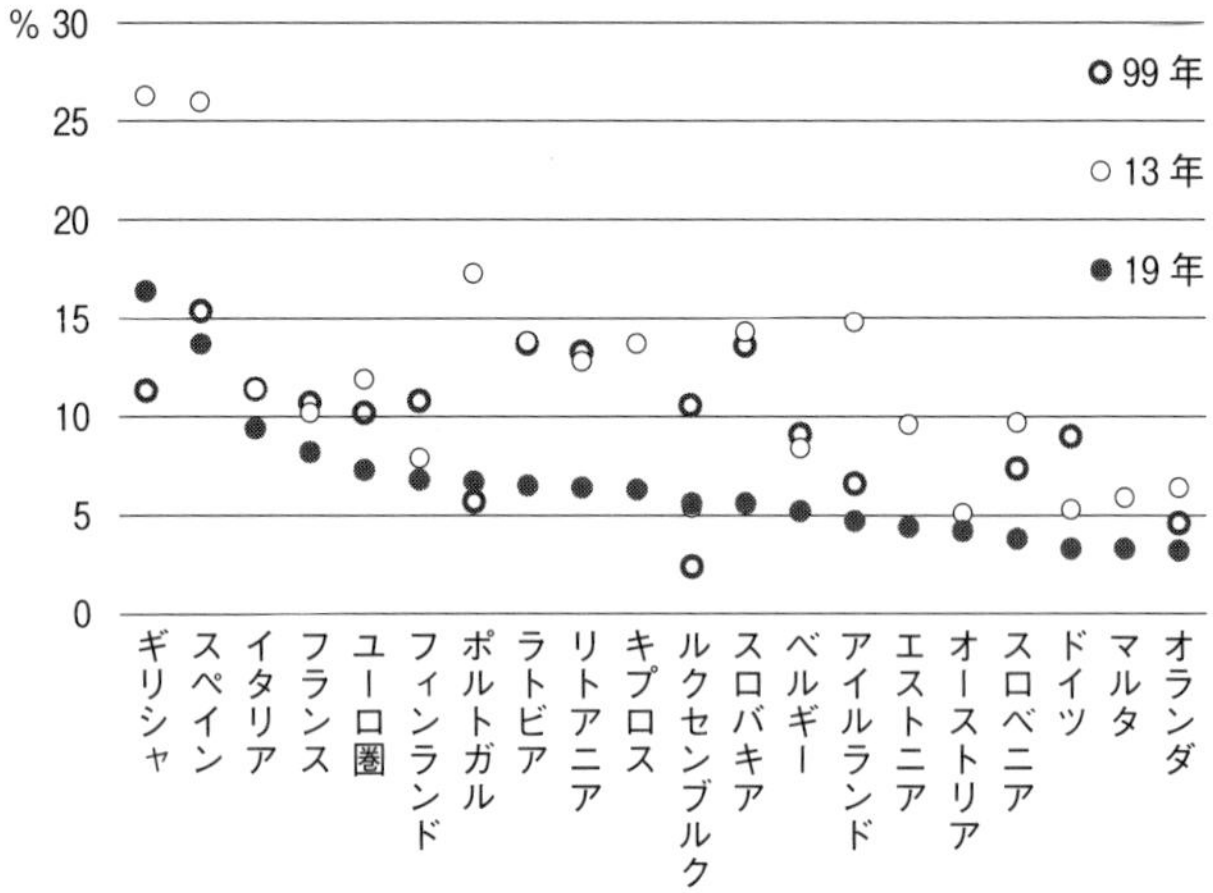

（注）99年時点でユーロを導入していない国の99年の値は細線で示した。
（出所）欧州委員会統計局（eurostat）。

２０１９年時点で、就業率はユーロ圏で72・7%、EUで73・9%と、２０１３年の68・3%、68・5%を底に、目標に向けた改善が続いていたが、コロナ禍で途切れることが確実になった。貧困人口の削減は、EU全体で２００８年を基準に２０００万人削減する目標に対して、２０１８年時点で７５２万人だった。EU全体でも達成率は４割未満となった訳だが、その原因は、ユーロ圏にある。ユーロ圏では、２０１４年までに貧困人口が６６４万人増加し、その後、減少に転じたものの、２０１８年時点で２００８年から94・５万人増えている。目標の方向への前進すら見られなかった（図表６は達成率ゼロとした）。２０１８年時点で２００８年からイタリアで１３６万人、スペインで１２６万人増えたことが響いた。貧困や社会的排除は失業との関わりが深い。圏内の失業率には格差が大きくスペインは、最悪期の２０１３年に比べれば劇的に低下したが、２０１９年時点でも14％台に高止まっていた。イタリアはユーロ導入後、改善傾向が見られたものの、ユーロ危機で再び失業率は二桁に押し上げられた。イタリアの場合、新型コロナの感染が急拡大した２０２０年３－４月に失業率が急低下したが、これは、求職活動を断念したと思われる非労働力人口の急増によるもので、貧困や社会的排除という観点では憂慮すべき兆しがある。他国の場合も、すでに触れた通り、雇用維持対策の縮小や停止のタイミングで潜在的な失業が一気に表面化するおそれがある。失業の長期化による貧困問題の深刻化も懸念される。

進まないユーロ圏内の収斂

ユーロ導入前から、財政統合を伴わない単一通貨の持続可能性は、Mundell（1961）に始まる「最適通貨圏の理論」の観点から議論されてきた。

最適通貨圏のどの条件を重視するのかは、時期や論者によって異なるが、基本的には、単一通貨圏の同質性、同調性が高く非対称的なショックが生じ難いか、非対称的なショックを調整するメカニズムが備わっているかを判断する。非対象的なショックの調整メカニズムとなるのは、賃金の柔軟性、労働移動、金融市場、「ユーロ圏予算」のような所得移転などである。

この理論にあてはめると、２つの危機の前のユーロ圏には明らかに問題があった。[5] 労働市場の調整メカニズムは、アメリカとの比較や圏内の失業率の分布の拡大が示すとおり、弱い。金融市場の統合にも、国債市場の分散の問題と共に、単一通貨によるクロスボーダーな銀行活動の拡大が予想されたにも関わらず、監督権限は各国に分散し、当局間の連携は不十分という問題があった。財政面では、ルールに基づく財政の相互監視が十分に働かず、これを補完するための枠組みも欠いていた。

２つの危機への対応として、銀行同盟の始動など、規制や制度面での改革は前進し、ＥＣＢは大胆な金融政策で調整を促したが、ユーロの圏内の不均衡や格差の調整は進んでいない。「欧州２０２０」戦略の項で触れた通り、構造改革を通じた脆弱国の底上げが見られないためだ。財政面では、図表4で見たとおりユーロ圏の財政政策の景気循環増幅性は改められていないし、図表5で見たとおり、財政余地の圏内の格差も埋まっていない。

２０１９年6月にポルトガルのシントラで開催された「ＥＭＵ20年」をテーマとするＥＣＢの年次フォーラムの記録（ECB (2019)）を見ても、景気の連動性の面での収斂は見られる（Imbs and Pauwels）が、危機後に所得や雇用の格差はむしろ拡大している（Kalemli-Özcan 1, Gopinath）ことや、ユーロ危機の原因となった国際収支の不均衡はもっぱら過剰消費国の赤字解消で調整され、ドイツやオランダなどが高水準の過剰貯蓄を維持していることも格差が続く原因となっている（Boone）などの問題点の指摘の方が多い。

２つの危機を経て、ユーロの制度は、スタート時点よりも強靭になっているが、ユーロ圏としての財政政策の調整や、各国の財政余地の差をカバーする「ユーロ圏予算」などの公的な所得移転のメカニズムは欠いたままだ。ＥＣＢの年次フォーラムでも、結果として、金融政策に過度の負担が掛かっているとの見方が広く共有された。

第3節　コロナ危機対応と今後の課題

コロナ危機対応のEU加盟国とEUによる経済政策の規模は2020年7月17日時点でのEUのまとめによれば、総額4・2兆ユーロに上る（図表9）。この他に、ECBも、資産買入れと流動性供給の枠組みの新設・拡張で加盟国政府とEUの対策を支えている。

コロナ危機とEUの政策対応

経済対策の4・2兆ユーロは、2019年のEU27カ国のGDPの30・1%に相当する規模だが、対策によって期待される経済の下支え効果との間には乖離がある。4・2兆ユーロの経済対策のかなりの部分は、必要に応じて利用可能な「安全網」が占めるからだ。

総額4・2兆ユーロのおよそ7割に相当する3兆450億ユーロは流動性支援である。企業の破綻を阻止するために用意した各国が用意した出資や融資枠設定、政府保証の提供など「安全網」である。Anderson, J., F. Papadia and N. Véron（2020）によれば、流動性支援のうち、政府保証として用意された金額は、ドイツでは7560億ユーロ、フランスとイタリアが3000億ユーロ、スペイ

図表9　EUのコロナ危機対応の経済対策

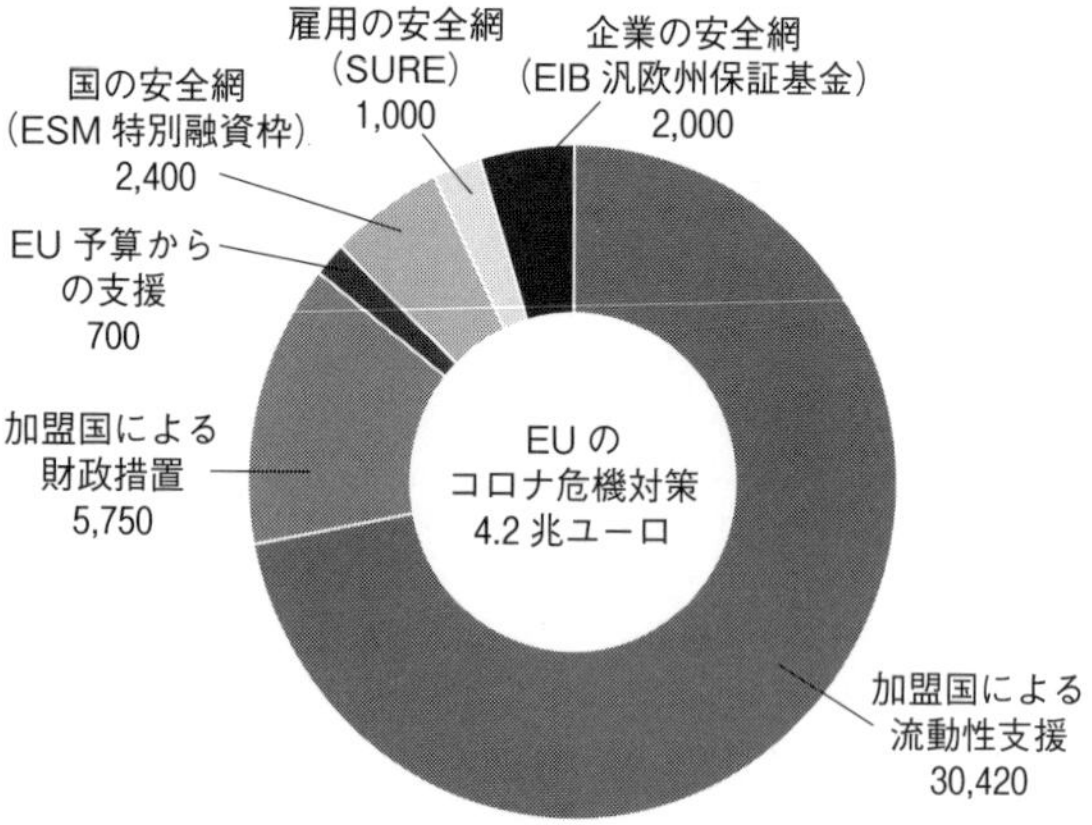

（注）20年7月17日時点の集計。
（出所）欧州委員会。

ンで１８３０億ユーロと用意された金額は巨額だが、利用割合はドイツでは５％、イタリアで17％、フランスで36％、スペインで46％に留まっている。

他方、景気の下支えへの直接的な効果が期待される加盟国の財政措置は５７５０億ユーロ（ＧＤＰ比４・１％相当）である。前節で触れた雇用維持のための時短給付金を始め、所得補償、税・社会保険料の減免など財政赤字と政府債務残高の拡大に直結する措置と、支払い猶予など財政への影響は一時的な措置が含まれる。

加盟国の財政措置の問題点は、対策の規模とコロナ危機による打撃が一致しないことだ。コロナ危機による打撃はドイツよりも、感染拡大がより深刻で、より厳しい行動制限を迫られ、コロナ禍の影響を受けやすい観光業などへの依存度が高いイタリアやスペインの方が大きいと見られてい

図表10　日米とユーロ圏主要国のコロナ危機の対応の規模（対名目GDP比）

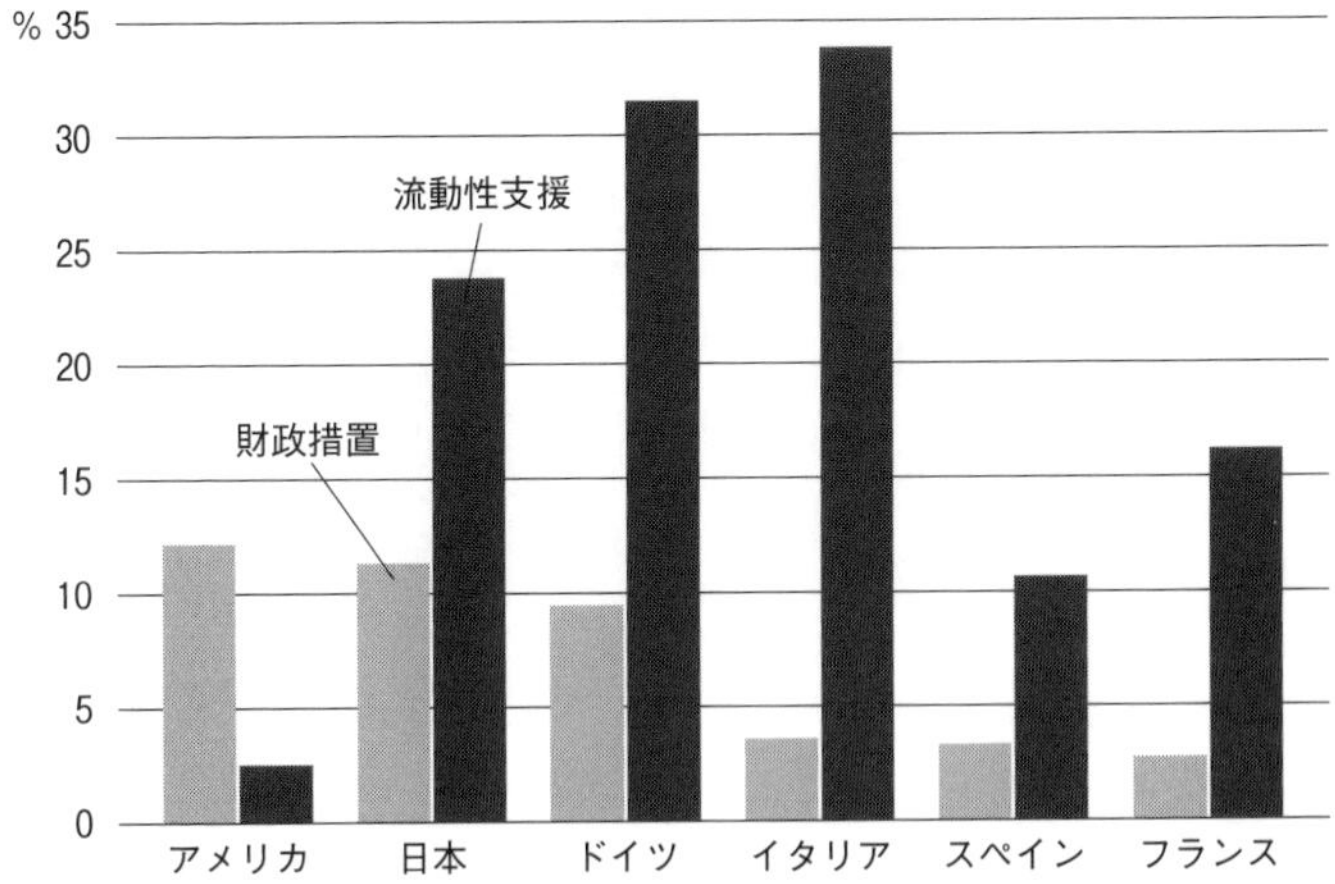

（出所）IMF Fiscal Monitor Database of Country Fiscal Measures in Response to the COVID-19Pandemic, June 2020。

る。しかし、財政措置の規模は、コロナ危機以前は均衡財政の原則に固執してきたドイツが圧倒する。IMF（2020）によれば、ドイツの財政措置は、EU加盟国で最多で、GDP比では9・4%と、イタリア（3・5%）、スペイン（3・4%）を大きく引き離す。主要7カ国（G7）ではアメリカ、日本に次ぐ第3位の規模だ（図表10）。

スペイン、イタリアは、すでにみたとおり、コロナ前の段階で雇用の改善が十分でなく、貧困人口も増大していた。失業率が東西統一以来、最低圏内、貧困人口を2008年比で109万人削減していたドイツに比べて、遙かにショック吸収力も弱い。それでも財政余地の限界から、ドイツほどの大胆な政策で危機に立ち向かうことはできない。

EUは、3月の段階で、企業支援に関する国家補助のルールを柔軟化し、景気循環を増幅するおそれがある財政ルールの一時適用停止を決め、各国政府の対応を後押しした。

しかし、ルールの適用停止は、財政措置の自由度を高めるが、信用力の格差を埋めるものではない。財政余地が乏しくて十分な危機対応が打てない。リスクは解消しない。

EUの危機対応パッケージと復興基金

コロナ危機と財政余力の格差が、単一通貨と単一市場の存続を脅かす事態に発展することを阻止するためにEUは4月に5400億ユーロの「危機対応パッケージ」をまとめ、7月には2021年のEU予算の多年次財政枠組み（MFF）とともに立ち上げる7500億ユーロの復興基金「次世代EU」で合意した。

5400億ユーロの「危機対応パッケージ」は、4・2兆ユーロの対策としてカウントされている「安全網」である。パッケージは、国の安全網としてESMに新設する2400億ユーロの特別与信枠「パンデミック危機支援」と、雇用の安全網「失業リスク軽減の緊急枠組み（SURE）」の1000億ユーロ、企業の安全網としてEUの政策金融機関である欧州投資銀行（EIB）グループが創設する2000億ユーロの流動性支援の3本柱からなる。

復興基金は、コロナ危機の打撃が大きい国を支援することによる圏内格差の拡大抑制とともに、グリーン化、デジタル化といったEUの政策課題の実現を目指す。

コロナ危機対応と過去の2つの危機との対応の最大の違いはスピード感だ。さらに、支援条件、復興基金については支援の方法にも違いがある。ユーロ危機対応は融資で行われ、被支援国に財政健全化や構造改革などの厳しい条件を課した。危機の原因が財政ルールの軽視、構造改革への取り組み不足、金融監督面での問題などが原因となったことに加えて、EU機関による救済を禁じたEU運営条約の第123から125条が規定する救済禁止条項をクリアすることも名目的な理由とされた。

「危機対応パッケージ」を巡っても、潜在的支援国である「北部欧州」が条件付きを主張し、潜在的被支援国の「南部欧州」は寛容な条件を求める対立はあった。結局、ESMの新与信枠は「医療、治療、予防のコスト」として活用すること、SUREは「時短給付金制度やそれに相当する雇用維持の枠組みの強化、新設」に充当するという「使途制限のみ」という妥協が成立した。

しかし、どちらの枠組みも返済負担を伴う融資の枠組みである限り、財政基盤が強固な国は利用する必要がなく、財政基盤が弱い国は、利用することが、信用リスクへの懸念を引き起こすリスクがある。安全網の存在は重要だが、実際に、どこまでの役割を果たせるかは不透明だ。

復興基金を巡っては、融資か補助金か、支援条件をどうするかが対立点となった。復興基金の財源は、EUが市場で調達する。欧州委員会は、独仏による5000億ユーロの補助金型の基金創設の共同提案を叩き台に、5000億ユーロを補助金、2500億ユーロを融資とする7500億ユーロの基金を提案し、最終的には、3900億ユーロの補助金、3600億ユーロの融資の7500億ユーロで落ち着いた。復興基金の補助金の配分は、国の規模と所得水準、失業率で決めるため、イタリア、スペインなど南欧と中東欧の受益が大きい。補助金の減額は、オランダ、スウェーデン、デンマーク、オーストリアの「倹約4カ国」は、市場調達した資金の配分は、返済義務を負う融資とすべきという主張に配慮したものだ。

条件面では、ESMのような厳しい条件は課さないが、構造改革の条件を求めた「倹約4カ国」に配慮して、使途制限をかけて、EUとしての政策目標に適合する方向で、計画どおりに活用されていることを監視することで合意した。復興基金の利用にあたり、各国は、グリーン化とデジタル化のための2021～2023年の「国家復興強靭化計画」を提出する。各国の計画について閣僚理事会で、特定多数決で承認するプロセスを設け、補助金の利用状況と、計画に盛り込んだ工程表や目標との乖離が大きくなった場合には、EU首脳会議での協議を求める権利を加盟国に付与した。

復興基金を巡って北部と南部の対立は根深い。北部の国々には、財政健全化目標や成長戦略の目標達成につながるような構造改革に取り組んでこなかった南部への根深い不信がある。他方で、失業、貧困といった問題を抱える南部には、不況下での緊縮、痛みを伴う構造改革にこれ以上堪えることはできないという思いがある。

EU内には、ユーロの安定に関わる南北の分断とともに、価値観を巡る東西の分断という問題がある。EU条約第2条に明記されたEUの価値観、特に法の支配への違反から復興基金とEU予算を守る仕組みも導入することになった。

残された課題

２０２０年3月から4月にかけて、ＣＯＶＩＤ-19の急拡大にロックダウンなど厳しい行動制限を導入した「第1段階」のコロナ危機対応では、当初こそ各国個別の動きが目立ち、ＥＵの存在は希薄だったが、4月の危機対応パッケージ、7月の復興基金の合意と、なんとか圏内の協調を保った。金融システム不安、金融市場の混乱、財政危機へという悪循環への発展を食い止めた点は評価して良いだろう。

ヨーロッパでは5月から6月にかけて行動制限の緩和が進み、本章執筆時点（20年7月23日）では、感染拡大の抑制と経済活動の両立に一定の成果を収めている。コロナ危機対応は、感染リスクが低下すれば、本格的な復興に舵を切る第3段階に進むが、それまでは、感染拡大リスクに配慮しながら、経済活動のレベルを調整する現在の第2段階が続く。幅広さとスピードが最優先された第1段階に比べて、第2段階では、経済が十分に回復していない段階での、雇用維持対策や流動性支援の見直しも必要になるだけに、難易度は高い。

復興基金での合意までには鋭い対立もあったが、最終的には妥協点を見出し、ユーロ危機への発展を未然に防止する手を打つことができた。外国為替市場では、大詰めの首脳会議に向けては、期待感からユーロ高が進んだ。後手に回り続けたユーロ危機の政策対応との大きな違いだ。

しかし、コロナ禍が引き起こす問題のすべてを復興基金で解決できる訳ではなく、この先も課題は山積している。今後、危機の局面変化に応じて、政策の見直す必要があるが、果たして協調を保つことはできるのだろうか。危機対応として一時適用を停止している財政ルールの見直しという、コロナ危機前からの課題にも向き合わなければならない。復興基金のためのEUによる資金調達は、コロナ危機対応の特例として1回限りで行うものだ。ユーロ圏内の格差を調整するための「ユーロ圏予算」の議論は改めて再起動する必要がある。

銀行同盟にも改善の余地がある。過去の2つの危機では、銀行は問題の一部だったが、コロナ危機の第1段階では、政府とECBの流動性支援の後押しもあり、経済を支える役割を果たした。しかし、今後は、流動性支援の期限切れなどとともに、潜在的な不良債権が表面化してくるだろう。コロナ危機を原因とする不良債権問題に銀行同盟として対処するための枠組み作りも必要になるのではないか。

デジタル化、グリーン化という構造転換に成功を収めることができるかがユーロの未来に影響するだろう。これまでのEUの成長戦略は華々しい成果を挙げてはいないが、今回は違った展開になる可能性はある。コロナ危機を経て、従来型の経済成長の限界が強く意識されるようになっている。フォン・デア・ライエン委員長率いる欧州委員会が掲げる成長戦略「欧州グリーン・ディール」の「自然を保護、保全、強化し、環境関連のリスクから人々の健康と福祉を保護する」という理念への共感は広がりやすくなっている。対立する米中両大国の狭間に埋没しかねないという危機意識が推進力となり得る。

圏内にはコロナ前、さらに遡ってユーロ導入以前から、立ち位置の隔たりがあり、政策協調や新たなルール、枠組み作りを進めようとすれば、利害が対立しやすい。EUレベル、各国レベルでの、民主的な手続きも必要となる。教科書が求めるような規模と速度で、ユーロ圏の経済・社会や、ユーロ制度が変わることは考え辛い。今はユーロに好意的な市場のセンチメントが何らかのきっかけで瞬時に変わるリスクもある。

EUとユーロ防衛への政治的な意思は危機時に発揮される。コロナ禍という欧州統合史上最大の危機によって、ユーロがさらに鍛えられることを期待したい。

（伊藤さゆり）

[注]

1　欧州為替相場メカニズム（ERMⅡ）に参加し、少なくとも2年間、為替相場の切り下げを行わずに対ユーロ中心交換レートを±15％以内に抑えることがユーロ導入の条件となっている。経済面では他に財政、物価、長期金利の条件があり、法律面では中央銀行の独立性や財政ファイナンス禁止などの法制面での整合化を求める。欧州委員会は、2年に1度まとめているユーロ未導入国の「収斂報告」の最新版で、クロアチアは、為替相場以外の3つの経済面での条件と法制面での条件に適合、ブルガリアは、財政と長期金利は適合、物価と法制面での条件に非適合との判断を示した（European Commission（2020））。なお、同報告は、4月23日締め切りでまとめられたため、コロナ危機の影響は限定的としている。

2　経済ガバナンス改革の詳細については伊藤（2014）で紹介している。

3　この時期のギリシャとEUとの攻防については田中（2016）「V章ユーロ危機とギリシャ」が詳しい。本章で用いたギリシャの反乱という表現は同書を踏襲した。

4　相対的貧困の定義は、社会保障移転後の等価可処分所得の全国中央値の60％の貧困線未満の者。この他、物質的に激しく剥奪されている者（9つの剥奪指標の少なくとも4つにあてはまる者）、労働集約度の低い家庭に暮らす者（15歳から59歳の成人が過去1年間、働ける期間の20％未満しか働けていない世帯に暮らす0～59歳の者）のいずれかにあてはまる者（重複してあてはまる場合は1回だけカウントする）を貧困人口としてカウントする。

5　通貨統合とユーロに関する標準的なテキストであるDe Grauwe, P.（2020）pp.76-81で欧州における最適通貨圏の範囲を巡る論点について先行研究とともに紹介している。

[参考文献]

伊藤さゆり（２０１４）「財政危機を教訓とするユーロ圏の新たな経済ガバナンス―成果と課題―」フィナンシャル・レビュー第１２０号２０１９・４　１７２～１９９頁。

田中素香（２０１０）『ユーロ　危機の中の統一通貨』岩波新書。

田中素香（２０１６）『ユーロ危機とギリシャ反乱』岩波新書。

Anderson, J., F. Papadia and N. Véron（2020）'Government-guaranteed bank lending: beyond the headline numbers', Bruegel Blog, 14 July

Claeys, G. and G.B. Wolff（2020）'Is the COVID-19 crisis an opportunity to boost the euro as a global currency?' Policy Contribution 11/2020, Bruegel

De Grauwe, P.（2020）*Economics of Monetary Union 13th edition*, Oxford

ECB（2019）20 years of European Economic and Monetary Union' ECB forum on Central Banking17-19 June 2019 Sintra Portugal）

European Commission（2019）'Standard Eurobarometer 92 Autumn 2019' Fieldwork November 2019

European Commission（2020a）'Convergence Report 2020' Institutional Paper 129, June 2020

European Commission（2020b）'Summer 2020（Interim）forecast' Institutional Paper 132, July 2020

IMF（2020）'World Economic Outlook Update', June 2020

Krugman, P.（1991）*Geography and Trade*, MIT press（ポールクルーグマン著、北村行伸／高橋亘／妹尾美起訳（１９９４）『脱「国境」の経済学』東洋経済）

Mundell, R.（1961）'A theory of Optimal Currency Areas' American Economic Review, 51.

OECD（2020）'OECD Economic Outlook No 107' June 2020

第2章　ユーロの安定はどのように確保されるのか

はじめに

２０１９年、ユーロは誕生以来20周年を迎えた。ユーロ圏はこの間グローバル金融危機とユーロ危機の２度にわたる深刻な危機に見舞われ、一時はギリシャをはじめとする南欧諸国のユーロ圏からの離脱やユーロ圏の銀行システム破綻のおそれによって、崩壊寸前にまで追い込まれた。しかし、欧州中央銀行やユーロ圏各国政府の必死の努力によって辛うじて崩壊を免れた。危機を受けて、銀行同盟の創設など、様々な制度の構築や改革も行われた。にもかかわらず、対症療法的な手段だけでは、ユーロの長期的な安定は確保されない。折しも、新型コロナ危機によって、ユーロ圏はグローバル金融危機やユーロ危機を凌ぐ、１９３０年代以来最悪ともいうべき、深刻な経済・社会生活の危機に直面している。新型コロナ危機に対処するため、７５００億ユーロからなる復興基金が設立され、併せてユーロ共同債の発行も決まるなど、長らく待望されていた財政統合への道を漸くユーロ圏ないしEUは歩み始めたかのように見える。しかし、依然として解決されるべき課題は多い。本章では、ユーロが長期的に存続するためにはどのような条件が必要であるのかについて考察する。

第1節　危機で提起されたユーロ圏安定化の課題

ユーロは、ヨーロッパ統合のさらなる深化に資するという戦略的目標とともに、経済固有の次元では、ユーロ圏の経済と金融の安定化を達成し、経済成長や雇用の促進を図るという課題を担って誕生した。しかし、グローバル金融危機とそれに続くユーロ危機では、ユーロ圏の抱える様々な問題点が明らかとなった。

第1の問題点は、ユーロ圏における経済の収斂が十分に進まなかったことである。ユーロの導入により、文字通りの単一市場が誕生することで、ユーロ参加国の間で、経済統合が飛躍的に進展し、経済の収斂・同質化と、競争力の押し上げ・平準化が進むと期待されていた。また、それによってユーロ圏の分断をもたらしかねない非対称的なショックもなくなり、ユーロ圏が安定化に向かうと期待されていた。実際、ユーロへの参加によって、各国は為替レートや金利といったマクロ経済政策上手段を失うことになることから、否が応でも競争力改善のための抜本的な構造改革に取り組むと見られていた。

ところが、ユーロの導入にもかかわらず、ユーロ参加国の間で経済の収斂や競争力の押し上げ・平準化は進まなかった。南欧諸国やアイルランドでは、ユーロ参加に伴う金利の低下にも支えられ、不動産・信用ブームが発生し、インフレ率や賃金コストが上昇する一方、ドイツは、再統一の後遺症やＩＣＴバルブ崩壊によるデフレに苦しんだ後、労働市場の改革等を通じて賃金コストの抑制と競争力の改善に努めた。その結果、時間が経つにつれてユーロ参加国の間で競争力格差が拡大し、景気循環のズレも加わって、経常収支の不均衡も増大することになった。もっとも、ユーロ導入と共に為替リスクが消滅したことにより飛躍的に―ただし一時的に―進展した金融統合を通じて、北部ユーロ圏諸国から南欧諸国やアイルランドなど周辺諸国に向かって、経常収支赤字をファイナンスする資金が大量に流れた。しかし、それらの資金は不動産・信用バブルによって浪費され、競争力の強化には向かわなかった。そして、グローバル金融危機に続きユーロ危機が発生すると、その非対称的な影響が鮮明となった。南欧諸国が深刻な不況や失業率の著しい悪化に苦しむ一方、ドイツ経済は一人勝ちの様相を呈するなど、ユーロ圏の南北で断層が際立つことになった（図表1参照）。もともとユーロ参加国の間には、経済ファンダメンタルズや経済構造改革能力等に大きな格差が存在していたが、経済統合さらには通貨統合をもってしても、その解消が容易でないことや、国内の政治・社会状況により危機への対応能力においても、大きな差が存在することが明らかとなった。

第2の問題点は、上記の点とも関連するが、ユーロの導入によって通貨統合は実現したものの、

図表１　グローバル金融危機とユーロ危機以降の独仏英伊西の固定資本投資の乖離

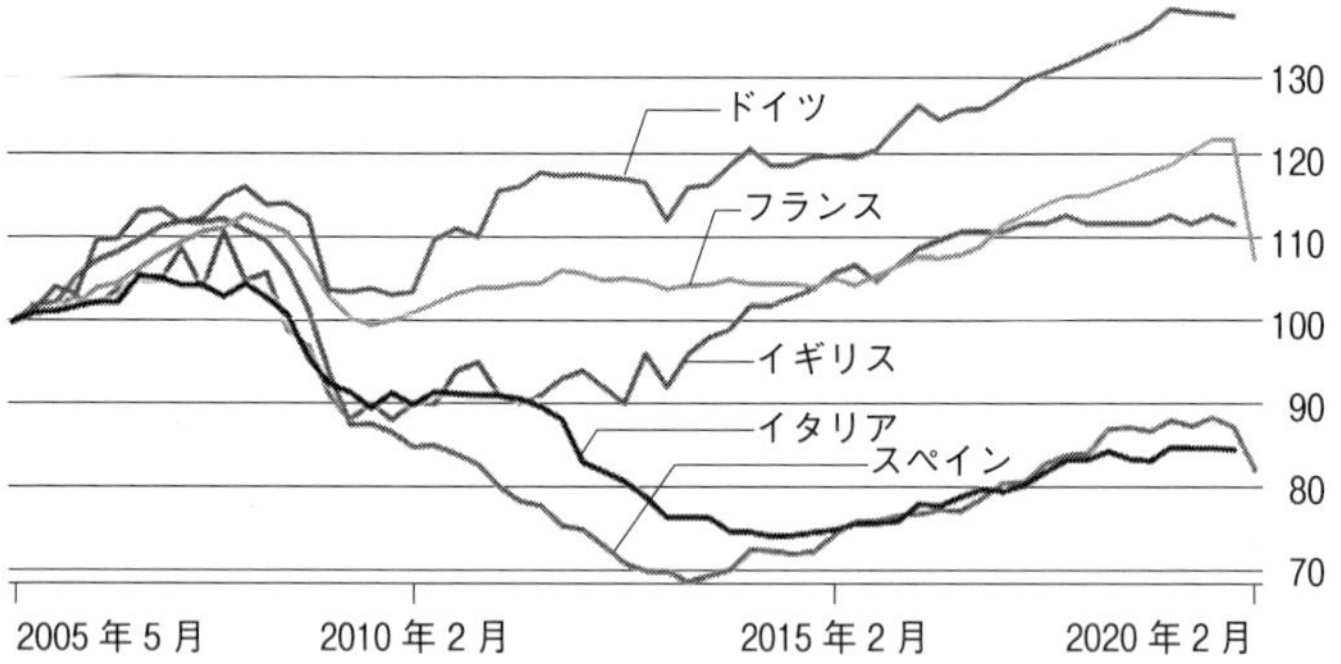

（出所）https://www.ft.com/content/4c279e4c-05af-4c59-be90-48bf3228c92f

ユーロ圏の金融市場は国別にセグメントされたままに留まっていたことである。ユーロ導入後、ユーロ参加国の短期のホールセール金融市場は速やかに統合され、ユーロ参加国の国債の利回りも、ユーロ圏で一番信用力の高いドイツの水準に収斂するなど、通貨統合に続き金融統合も実現したかのように見えた。しかし、それは錯覚に過ぎず、ギリシャでソブリン危機が生じると、ユーロ圏の国債の利回りはたちまち大きく乖離することになった。同様の事態は、ユーロ参加国の銀行によるリテール貸付金利や社債市場の利回りにも生じた。ユーロ参加国の間で、国債の利回りやリテール金利水準の乖離が生じることは、金融市場がユーロ圏を一体化したものと見ていない証でもあった。

また、ユーロ参加国の金融規制・監督さらには破綻処理体制が統一されていなかったことも、金融市場のセグメントの一因となった。ユーロ圏で統一された規制・監督体制確立の必要性は以前から言われていたが、ユーロ導入後、ユーロ圏内やアメリカをはじめとする域外とのクロスボーダーの金融取引が著しく拡大したにもかかわらず、規制・監督は各国レベルに留まっていた。ユーロ圏の銀行は、こうした規制・監督体制の不備をつく形で、ハイリスクのビジネスに深く関与していった。そして、危機が発生した後、各国の政府や規制・監督当局は、一斉に自国金融機関の救済に走ったが、ユーロ参加国の間には、財政力したがって救済能力に大きな差があり、そのことが金融市場による国別の国債リスク評価の相違にもつながった。さらに、金融機関の救済によって財政赤字が急増し、それがソブリン危機をもたらす一方、イタリアやスペインのように、銀行が自国の国債を大量に保有している国々では、ソブリン危機が銀行の信用リスク評価の悪化につながり、こうして銀行危機とソブリン危機のループが生じることになった。

第3の問題点は、財政資金移転の拡充を柱とする財政統合が、ユーロ導入後もほとんど進まなかったことである。ユーロ圏が長期的に存続可能であるためには、域内格差や経済不均衡を是正し、非対称的なショックを緩和する、大規模な財政資金移転が必要であることは、かねてから指摘されていた。現に、通貨統合の開始に併せて、域内における経済・社会格差是正のために、欧州地域開発基金に加えて新たに結束基金も設けられたが、如何せんその規模は限られたものに留まっていた。通常の国民国家であれば、地域間格差の是正のために、最低でも国民総所得の15％程度は支出している。ユーロ圏の場合も、少なくともユーロ圏全体の国民総所得の6％程度の支出が必要とされていたが、現状では、ユーロ圏はもとより、EUのそれも1％にも満たない（図表2参照）。財政資金移転の拡充には、拠出国の側での強い抵抗があり、ドイツをはじめとする北部ユーロ圏諸国は、ユーロ圏が移

図表2　EU予算の規模

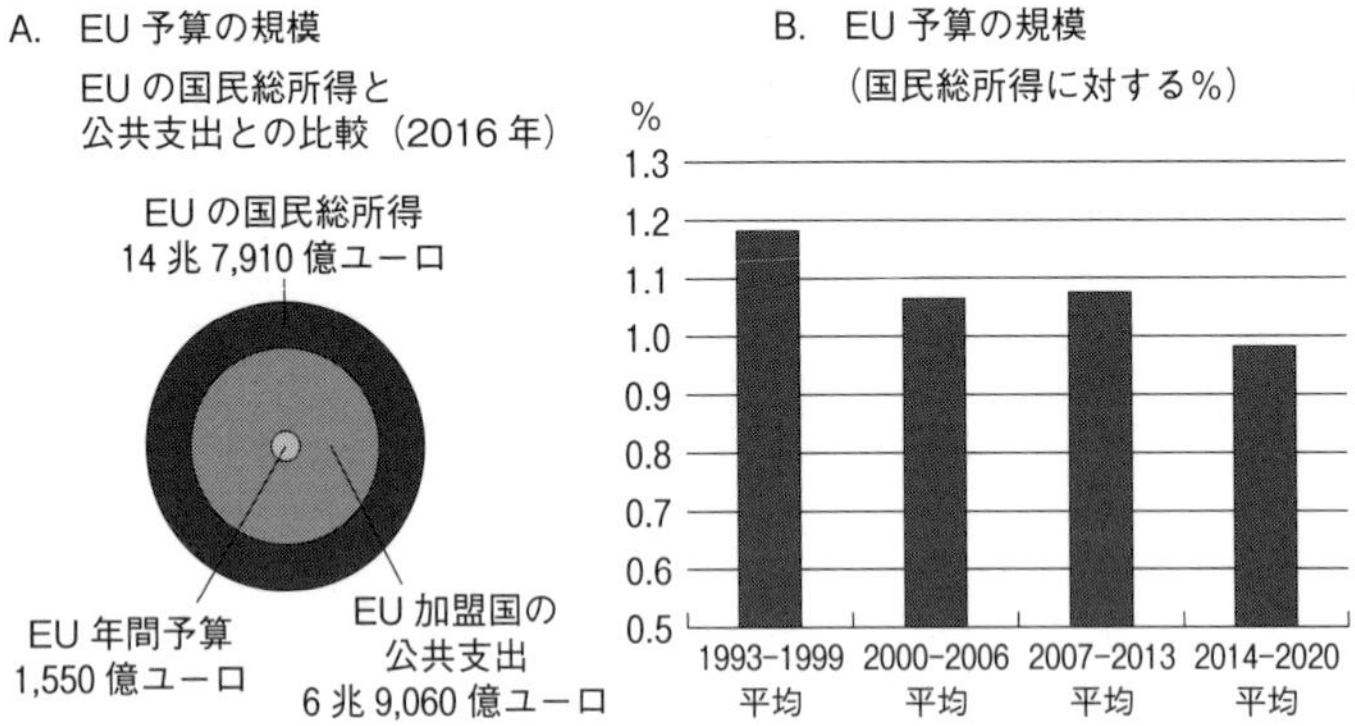

（出所）*OECD (2018), OECD ECONOMIC SURVEYS EUROPEAN UNION, p.17.*

転同盟（Transfer Union）に堕すことを恐れ、負担増に反対してきた。

それどころか、安定・成長協定の有名無実化に示されているような財政規律の緩みが、ソブリン危機並びにユーロ危機を招いたとの反省から、ドイツら北部ユーロ国諸国はユーロ危機対策として財政規律の強化を要求した。その結果、欧州委員会に各国の財政政策の運営を監視し、場合によっては罰則を科す権限が与えられるとともに、ソブリン危機によりEUから救済を受けた国々は、それと引き換えに、厳しい緊縮政策の実行を求められることになった。そのために、ギリシャをはじめとする南欧諸国は、長期にわたる景気の低迷と失業率の悪化に苦しむこととなり、反政府や反EUを掲げるポピュリスト勢力の台頭を招くことにもなった。要するに、財政力の格差とそれを埋め合わせる財政資金移転すなわち財政統合の不十分さも、ユーロ圏の分断を生むことにつながった。

こうしてグローバル金融危機とそれに続くユーロ危機によって、ユーロ圏の抱える構造的な問題点や課題が浮き彫りとなった。

第2節　危機を受けた制度改革とその限界

もちろん、EU当局やユーロ参加国政府も、上記の問題点や課題に対処するために様々な対策を打ち出し、新しい制度の創設を含めた改革も行われた。

ユーロ危機の最中の2010年3月には、経済成長・雇用に関するリスボン戦略の跡を受けて、「欧州2020」が打ち出された。「欧州2020」は、「知識とイノベーション」、「より持続可能な経済」、「高雇用・社会的包括」を主要な分野として、危機からの脱却を目指した。翌年の2011年3月には、ドイツ主導で、競争力の強化と経済収斂の促進を目的とした「ユーロプラス協定」も締結された。

また、ソブリン危機への対応に関しては、2010年6月にギリシャ危機に対処するため、時限的な仕組みとして欧州金融安定ファシリティ（European Financial Stability Facility）が設立され、2012年10月には、ソブリン危機に陥った国に金融支援を行う恒久的な制度として、5000億ユーロ規模の融資能力を持つ欧州安定メカニズム（European Stability Mechanism）も設立された。

さらに、グローバル金融危機やユーロ危機では、銀行の経営破綻が惨事を招いたとして、銀行に対する規制・監督の強化も図られた。２０１１年１月には、欧州銀行監督委員会の下に欧州銀行監督局（European Banking Authorities）が設立され、さらにスペインやイタリアを中心した銀行危機の悪化を受けて、２０１２年６月のＥＵサミットでは銀行同盟の創設も決定された。銀行同盟はユーロ危機克服の切り札とされ、単一監督メカニズム（Single Supervisory Mechanism）の下で、欧州中央銀行がユーロ圏の大手銀行の一元的な規制・監督を行い、併せて、破綻処理を行う単一破綻処理メカニズム（Single Resolution Mechanism）も設立された。前者は２０１４年11月から、後者は２０１５年１月からそれぞれ業務を開始した。

こうした制度の構築や改革が、危機の収拾にあたり一定の成果をあげたのは間違いない。特に、救済と引き換えに強制された緊縮政策や構造改革を通じて、ギリシャをはじめとする南欧諸国では、賃金の引下げ、公務員の削減、年金制度の見直しなどが行われ、労働コストの抑制や財政赤字の削減で成果を挙げた。しかし、他方で長期的な労働生産性の上昇や競争力の強化に結びつく、イノベーションや教育、インフラ改革等については、大きな改善は見られず、若年層の高失業は継続したままで、いわば調整の負担を労働者や国民に押し付けるものとなっている。また南欧諸国の中でも、イタリアは、ＥＳＭ等の救済の対象にならなかったこともあって、構造改革は進まず、投資も停滞したままであった。要するに、危機対策として打ち出された戦略や制度改革は、ユーロ危機で明らかとなった、ユーロ圏における南北間の経済格差を是正するには不十分で、しかも急性の危機が収まるにつれて、

図表３　ユーロ圏改革手段の概観

手　段	目　標	時間（年）	技術的障壁	政治的障害
単一破綻処理基金に対する財政上の補強	破綻処理や信用力改善のための十分な能力	1年	財政的に中立であれば、なし	歳入の縮小
預金保険スキーム	ユーロ圏を通じた預金の統一的な保護	2年	再保険ないし全額保険	恒常的な移転やモラルハザードの恐れ
ソブリン・エクスポージャーの規制上の取り扱いの改革	銀行のバランスシートの多様化	2年	資本不足のパラメーター；移行期間	ありうる金融不安
欧州安全資産	銀行のバランスシート上の新しい資産多様化促進；安全資産供給の拡大；欧州市場のベンチマーク	2年	シンセティック債向け；潜在力のスケールアップ；需要の順循環性（特にジュニア・トランシュ）	各国債券市場との相互作用；ありうる各国間での再分配；ありうる金融不安
共通財政安定化キャパシティ	大規模なマクロ経済ショックに対する再保険	5年	困難なスキームのパラメーター化	恒常的な移転の恐れ
ソブリン債務再編手続き	市場規律の強化；ソブリン債務再編でより高い確実性の提供	5年	自動的な発動を避ける一方で、不確実性を減らすこと	しばしば明瞭でない破産
資本市場同盟の創出	資本市場の深化とクロスボーダーの統合	10年	監督、規制、課税、破産・法的慣習の調和	多様な国別レジーム

（出所）*OECD (2018), OECD ECONOMIC SURVEYS EURO AREA, p.70.*

各国の改革意欲も後退していった。

ユーロ危機克服の切り札とされた銀行同盟についても、単一監督メカニズムと単一破綻処理メカニズムに並ぶ、三番目の柱とされた欧州預金保険制度（European Deposit Insurance Scheme）が、他国の銀行破綻の処理に自国の資金が使われることを恐れたドイツの反対によって、未だに実現していない。単一監督メカニズムによるユーロ圏の大手銀行の規制・監督についても、バルト諸国やオーストリアで大がかりなマネーロンダリングが発覚し、直接の監視対象ではないものの、ドイツの大手フィンテック企業ワイヤーカードの破綻に伴うスキャンダルも明かになるなど、制度の限界や不備が露呈している。さらに、単一破綻処理メカニズムに関しても、EUの当局者は破綻銀行の救済に二度と公的資金は使わせないと大見栄を切ったものの、イタリアでは事実上政府による大手銀行の救済が行われるなど、不透明さを残したままとなっている。

しかし、そうした制度上の欠陥や不備以上に問題なのは、銀行同盟の創設が、ユーロ圏の銀行の競争力の向上や経営の改善、さらにはユーロ圏規模での銀行の再編や金融統合の進展につながっていないことである。

グローバル金融危機後、アメリカの銀行がめざましい立ち直りを見せたのに対して、ユーロ圏の銀行の経営は、ユーロ危機が起きたせいもあって、長く低迷を続けた。EUのみならず、グローバルなレベルでのバーゼル3による規制強化もあって、ユーロ圏の銀行の自己資本比率の引き上げや不良債権処理は進んだものの、コストや経営効率に目立った改善は見られず、低収益で、株価も低迷を余儀なくされた。こうしたユーロ圏の銀行の低迷の象徴としてドイツ銀行の事例をあげることができる。

ドイツ銀行は、グローバル金融危機が起きる以前、米系巨大金融機関と互角に渡りあえる欧州最強の銀行と目されていた。ところが、グローバル金融危機で特にアメリカにおけるビジネスで巨額の損失を出し、大きく躓くことになった。しかも、その後数々のスキャンダルも発覚して凋落を余儀なくされ、経営破綻の噂が絶えず、株価も低迷したままとなっている。同じく、ドイツ大手のコメルツ銀行も経営不振に喘ぎ、一時はドイツ政府の仲介でドイツ銀行との合併話も持ち上がったが、結局流れた。単一監督メカニズムを通じてユーロ圏大手銀行の規制・監督はできても、経営の立て直しや再編にまで当局は関与できない。ユーロ圏の銀行の低迷を反映して、ユーロ導入前後に盛り上がった、ユーロ圏の銀行によるクロス・ボーダーのM＆Aも趨勢的に減少し、国内においてさえM＆Aを通じた再編は少ない。その結果、ユーロ圏の銀行によるクロスボーダーの金融取引も縮小し、金融統合の進展どころか、金融市場のセグメントが逆に強まった感すらある。グローバル金融危機以降、ユーロの国際的役割も低下した。

こうした隘路を打ち破るべく、２０１５年には、欧州委員会によって資本市場同盟構想も打ち出された。その目的は、ＥＵ加盟国間のクロスボーダーの投資を阻んでいる障壁を取り除き、世界からも投資資金を吸引して、ＥＵの経済成長と雇用の促進を図るというものであった。ＥＵ当局の認識によれば、巨大な規模と多様性ゆえに、豊富な流動性を有するアメリカの資本市場が、アメリカ経済の回服やドルの強さを支える一方、ＥＵの場合、資本市場が未発達で、かつ各国毎に分断されていることによって、経済成長や雇用の拡大に資するものとなっておらず、それが危機からの回復を遅らせ、ユーロの弱点にもなっていた。計画は当初２０２５年末を完成の目標にしていたが、２０１９年末完成に前倒しされ、銀行同盟と併せた金融同盟として推進されることになった。しかし、資本市場同盟は、ロンドン金融市場の利害に訴えてイギリスをＥＵに留め置く戦略として打ち出された面もあり、資本市場同盟の中核になるとみなされていたイギリスのＥＵ離脱によって、事実上宙に浮いた形となった（図表４）。

図表4　ユーロ支持率の推移（単一通貨ユーロを支持する人口の%）

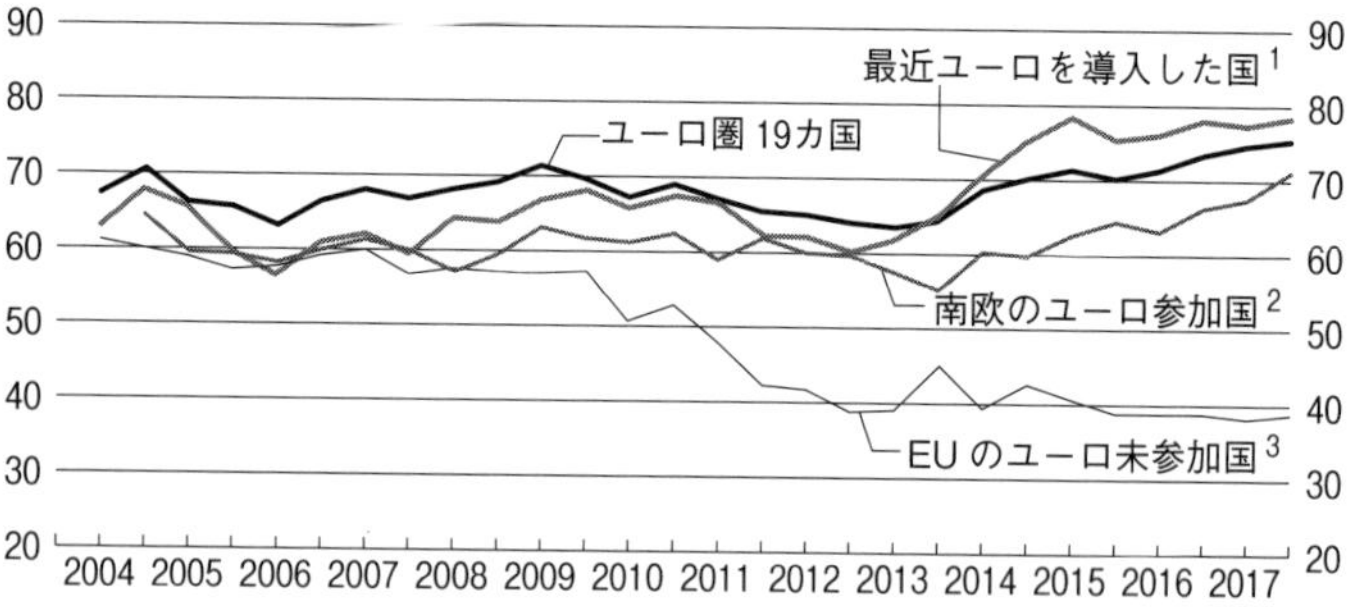

（注）1. エストニア、ラトビア、リトアニア、スロバキア、スロベニアの単純平均。
2. ギリシャ、イタリア、スペイン、ポルトガルの単純平均。
3. ブルガリア、クロアチア、チェコ、ハンガリー、ポーランド、ルーマニア、デンマーク 、スウェーデン の単純平均。
（出所）*OECD (2018), OECD ECONOMIC SURVEYS EURO AREA, p.16.*

かくして危機を受けて多くの改革が打ち出されたものの、そのほとんどが未完か、不十分なものに留まっている。なるほど、ユーロ危機以降の緩やかな景気の回復を受けて、ユーロに対する支持率は上昇傾向にあった（図表4参照）。しかし、２０１７年5月に就任したフランスのマクロン大統領は、このままでは次の危機がやってきたら、ユーロ圏は持たないとの強い危機感から、ドイツのメルケル首相にも強く働きかけ、２０１８年11月に両国共同で、ユーロ圏における経済格差是正のための投資や構造改革、経済危機に際しての支援を目的とする、ユーロ圏共通予算の提案を行った。しかし、ＥＵ加盟国間の協議は難航し、継続審議となった。２０１９年10月に、漸くユーロ参加19カ国を対象とする共通予算の導入で合意を見たものの、予算規模は、当初マクロン大統領が考えていた１０００億ユーロ規模から１７０億ユーロへと著しく削られた。また、７年の年限付きで、使途は投資と改革に限られ、経済安定化には使えないこと、執行は２０２１年からとされ、詳細はそれまでに策定されることになっていた。

第３節　新型コロナ危機は、統合飛躍の契機となるか

２０２０年春、中国で発生した新型コロナ危機が瞬く間に世界に広がり、ヨーロッパも多数の感染者と死者を出すなど、甚大な被害が及んだ。そして、感染並びに感染拡大防止のための都市封鎖（ロックダウン）や国境閉鎖に伴う社会・経済活動の停止は、ユーロ危機を凌ぐ、１９３０年代以来最悪ともいうべき打撃を経済や社会生活に与えることになった。しかも、ユーロ危機同様、新型コロナ危機に際しても、各国の明暗が分かれた。

新型コロナ危機は、最初イタリアで発生し、続いてスペインなど南欧を中心に他のＥＵ諸国にも広がった。南欧諸国は、ユーロ危機以降緩やかな景気回復の過程にあったものの、依然として危機の後遺症が残る中で、新たに新型コロナ危機に遭遇し、観光業をはじめとする主要産業が深刻な打撃を受け、非正規雇用者を中心に失業者も急増した。他方、ドイツでも、当初感染者や死者が急増したが、同国は堅固な医療・防疫システムによって感染拡大の食い止めに一定の成果を収めた。もちろん、ドイツも新型コロナ危機による社会・経済活動の停止で深刻な打撃を受けたが、ドイツ政府は、堅実な

財政運営で貯め込んだ豊富な資金を、経営破綻の危機に瀕したルフトハンザ航空をはじめドイツ企業の救済や国民生活の安定に注ぎ込んだ。本来ＥＵでは、加盟国政府による国内産業への補助金は、域内市場における公正な競争を歪めかねないとして、厳しく規制されていた。しかし、グローバル金融危機やユーロ危機が起きた際にも、破綻の危機に直面した金融機関が、軒並みＥＵ各国政府により公的資金で救済されたように、今回の新型コロナ危機でも、補助金の規制はあってなきが如くとなった。その結果、ＥＵ最強の競争力を誇るドイツの産業が、政府からの潤沢な補助金で保護され、ドイツ一国でＥＵ全体の補助金の半分以上を占めるという異常な状況が生まれることになり、単一市場の歪みが顕著となった。また、当初ＥＵで最悪の感染者と死者の急増に見舞われたイタリアは、他のＥＵ諸国に緊急医療支援を求めたが無視され、ＥＵの連帯に不信感を募らせることになった。

このように、新型コロナ危機という未曾有の危機に遭遇して、再び各国の明暗がはっきりと分かれ、危機への対応能力の差も歴然となった。経済的のみならず、政治的、社会的にＥＵを分断させかねない深刻な危機に対して、ＥＵとして統一的に対処できなければ、その存在意義さえ問われかねない。「欧州統合は危機によってのみ深化する（ヨーロッパ統合の父ジャン・モネ）」とばかりに、危機解決のためにリーダーシップを発揮したのは、ＥＵが危機に直面した際には常にそうであるように今回もドイツとフランスであった。特に２０２０年7月からＥＵの議長国に就任したドイツは、新型コロナ危機対策で決定的な役割を演じた。

ドイツは、経済通貨同盟が移転同盟（Transfer Union）に堕すことを恐れ、かねてから財政資金移転の拡充に強い抵抗を示してきた。ユーロ圏共通予算には同意したが、慎重なスタンスを変えず、ユーロ危機の際には、ユーロ共同債の発行に真っ向から反対した。ところが、今回は、フランスのマクロン大統領の提案に異例の譲歩を示し、ＥＵのＧＤＰの２％に相当する、７５００億ユーロの復興基金の創設とその資金調達のためのユーロ共同債の発行に同意した。２０１９年10月にユーロ圏共通予算創設で合意した後、ドイツのショルツ経済相が、ドイツが長らく反対していた預金保険の導入に前向きな姿勢を示すなど、既に変化の予兆はあったが、ドイツの突然の変身に、同じく財政資金移転に慎重なスタンスを取ってきたオランダやオーストリアらは、当惑の色を隠せなかった。

ドイツの突然の変身の背景には、ＥＵ議長国の面子にかけて、画期的な成果を示す必要があったことや、２０２１年秋に退任が予定されているメルケル首相が、最後のレガシー（後世に政治的功績として評価されることを期待した業績）を残そうとしたとの見方がある。しかし、そうであれば、ドイツの「変身」も一過性のものに終わる可能性がある。他方、これに対して、ドイツにおけるより根本的な変化の表れとして、経済政策の運営や、経済政策思想に影響を与えるドイツの経済学者の潮流の変化や、政策の企画・立案にあたる政府機関の変容を指摘する声もある。

前者に関しては、ドイツの経済学者の間では、ヴェルター・オイケンを始祖とする、安定した経済社会秩序の下での経済的自由と競争を重視し、社会福祉政策や景気刺激策の有効性に懐疑的な、オルドリベラリズムと呼ばれるドイツ型新自由主義が、長らく支配的な影響力を誇っていた。しかし、近年では、米英への留学や学術交流を通じて、裁量的なマクロ経済政策管理を重視する、ケインズ経済

図表５　EU 中期予算（2021 年〜 2027 年）

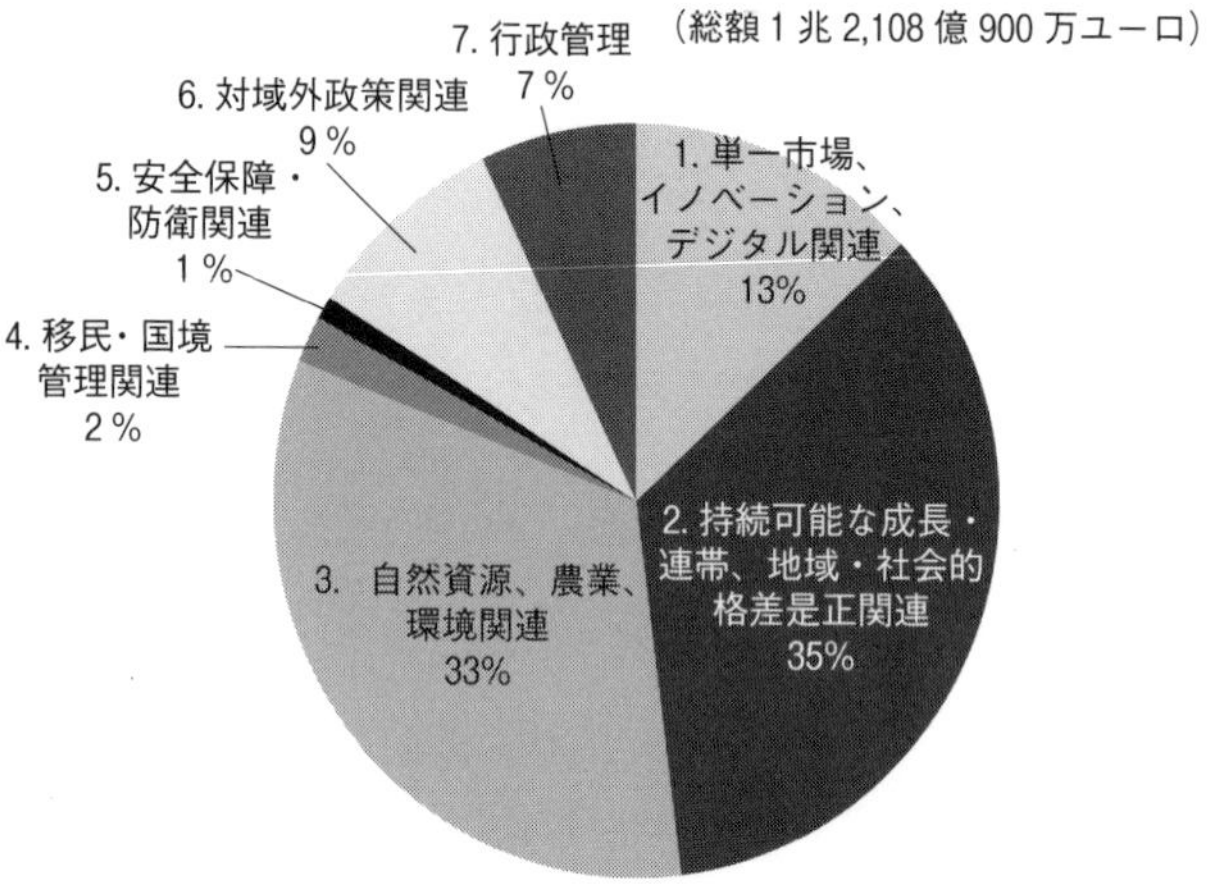

（出所）https://www.consilium.europa.eu/media/45109/210720-euco-final-conclusions-en.pdf.p.67. より作成

学の影響が広まっているといわれる。また、後者に関しては、近年ドイツの政府機関では、欧州議会や欧州委員会などEUの諸機関で政治・行政経験を積み、幅広い視野を有する人材の登用が進められている。またフランスのル・メール経財相とともに今回の復興基金案を事実上仕切ったドイツのショルツ財務相は、EUレベルでの財政資金移転を通じた連帯の強化に好意的な社会民主党の幹部で、政治主導で財務省の人事の再編を進めてきたといわれる。最近では、ゴールドマン・サックスなど、米欧の大手投資銀行出身者の登用も進められており、同行出身の欧州中央銀行のドラギ元総裁のように、原理原則論者ではなく、危機に対して柔軟でプラグマティックに対応できる人材が、ドイツでも育ちつつあるのかもしれない。そうであれば、ドイツの「変身」は一過性のものではなく、より長期にわたる変化の兆しと見なすこともできる。

復興基金は、2021年間から始まる、Next EU Generation と称される次期EU7カ年予算の一部であり（図表5参照）、7500億ユーロは、トリプルAの格付けを有する欧州委員会が債券を発行して調達する。うち、3900億ユーロが返済義務のない贈与に、残りの3600億ユーロが融資に充てられる。贈与の70％は、2021年と2022年中に、残りの30％が2023年末までに執行される。資金の配分方法の詳細は未定だが、新型コロナ危機による打撃や各国のGDP比に応じて配分される予定となっている。ただし、被支援国が構造改革実施の条件を満たしていないことが判明した場合には、資金提供を一時的に停止する「緊急ブレーキ」も組み込まれている。融資を受けた分の返済は2027年から始まるが、2058年末まで30年の返済期間が与えられている。

ユーロ共同債の償還に充てる財源については、伝統的な財源である、加盟国からの拠出金と付加価値税に加えて、欧州委員会は、EUの納税者に負担をかけるのは避けたいとして、域内市場から恩恵を受けている企業に対する課税、GAFAのようなグローバル・デジタル企業に対するデジタル課税、環境規制の緩い国からの輸入品に対する課税を行う国境炭素税、プラスチック・リサイクル税の導入や、排出量取引制度の拡大等を見込んでいる。将来的には金融取引税の導入も検討されている。欧州委員会は、今回の新型コロナ危機対策だけでなく、今後の様々な用途に使える、恒久の固有財源の確保を目指している。

同じく、巨額のユーロ共同債の発行は、行き詰まりを見せていた資本市場同盟の再浮上の契機となる可能性もある。ＥＵ当局は、ユーロ共同債の発行により、アメリカの財務省証券に比敵するユーロ圏における安全資産の創出を目論んでいる。米国債やドルから資産を分散させたい国際的な投資家に利用可能な、高い信用力を有するユーロ建ての大規模な債券プールができれば、ユーロ圏各国の国債や社債等と併せてユーロ圏の資本市場の発展と統合に弾みがつき、ドルの後塵を拝してきたユーロの国際通貨としての魅力を高めるのにも、大きく貢献するかもしれない。

また、ＥＵは、パリ協定の履行など温暖化対策と併せ、環境分野にＥＵ経済再生の活路を見出す、グリーン・ディール戦略を積極的に進めている。環境分野に投資する資金の調達手段であるグリーン・ボンド発行の奨励や、グリーン・レンディング（温暖化防止向け貸付）に対する銀行の資本負担軽減措置の検討も行っている。欧州中央銀行のラガルド総裁も、気候変動への取組みで同行が中心的役割を果たしたいと表明しており、ユーロ共同債の発行がその追い風となる可能性もある。

かくして、今回の復興基金設立の決定は、統合前進の弾みとなり、アメリカが各州の財政の統合により連邦国家へと歩み始めた「ハミルトン・モメント」に匹敵する、との見方もある。

もっとも、復興基金そのものは、新型コロナ危機に対応した1回限りの措置とされ、今後恒常的なものとなるかどうかは不明である。新規の固有財源の確保に関しても、フランス主導で進められようとしているデジタル課税には、アメリカの強い反対がある。国境炭素税についても、ＥＵ内ですら異論があり、ドイツが導入に難色を示している。そのため、今のところ導入確実なのは、年間70億ユーロの歳入が見込まれる、プラスチック・リサイクル税だけに留まっている。欧州委員会は、２０２１

年前半までにデジタル税と国境炭素税についての提案を行い、２０２３年1月までに導入に漕ぎ着きたい意向を示している。しかし、税制については加盟国の全会一致による承認が必要なだけに、今後の紆余曲折も予想される。安定した財源を確保できるかどうかは、ＥＵが財政統合に向けて前進できるかどうかの重要な試金石となろう。

さらに、巨額の予算を有効に活用できるかどうかも、極めて重要な課題といえる。欧州委員会は、復興基金の設立で、これまでの年間予算の5倍近くの巨額の資金を手にすることになり、ＥＵ予算の使い方には予々課題や問題点も指摘されている中で、果たして公正かつ効率的に使うことができるかどうか。何よりも、復興基金から贈与される資金を、ユーロ危機の後遺症や難民危機にも苦しみ、今回の新型コロナ危機でも大きく傷ついた南欧諸国が、危機のケアだけでなく、経済ファンダメンタルズの抜本的な改善や競争力の強化に有効に活用できるかどうか。また、それによってユーロ圏ないしＥＵの格差是正がなされ、均衡の取れた発展につなげられるかどうかが、問われることになろう。

また、ユーロ共同債の発行に関心が集中しているが、新型コロナ危機を受けて、ＥＵ各国の財政赤字も大きく膨らみ、国債発行も急増している。イタリアやギリシャは、既に巨額の政府債務を抱え、復興基金からの融資への返済に加えて、自国の国債に対する利払い・元本の償還も行わなければならない。しっかりとした改革のプロセスを示さなければ、「緊急ブレーキ」の発動で復興基金からの資金供与が停止される可能性があるだけではない。それ以前に、ユーロ共同債や各国国債に対する金融市場の懸念の増大、あるいは格付け機関による格下げによって、利回りが急騰し、ユーロ圏ないしＥ

U全体を巻き込むソブリン・リスクが再燃する恐れもある。果たして次回も欧州中央銀行によって危機をうまく抑え込めるかどうか。財政統合進展のためには、依然数多くの課題が残されている。

第4節　政治統合の行方——独仏枢軸は今後も機能するか

既に述べたように、新型コロナ危機対策では、ドイツとフランスが2019年12月に誕生した、ドイツ出身のフォン・デア・ライエン委員長率いる欧州委員会と並んで、中心的な役割を果たした。加盟国が増えても、依然独仏のリーダーシップがEUの直面する危機の解決にとって決定的であることを今回も如実に示したといってよい。

しかしながら、今回の決定に関しては、独仏は予想外の抵抗を受け、渋々ながら妥協を余儀なくされた。Frugal four（倹約4カ国）と呼ばれる、オランダ、オーストリア、デンマーク、スウェーデンが、最後まで独仏主導の復興基金案に抵抗を示し、5000億ユーロから3900億ユーロへの贈与の減額や、改革の進展が見られない場合に一時的に資金供与を停止する「緊急ブレーキ」の導入を呑まされることになった。さらに、従来イギリスのみに認められていた、EU予算からの払い戻しも、彼らに認めることになった。いずれも単独では小国に過ぎないものの、「新ハンザ同盟」として近年存在感を発揮するようになりつつある。イギリスの離脱によってEUの求心力が高まり、統合の深化に向けた決定が容易になったとの見方もあるが、離脱以前にイギリスが演じていた役割を、今後は彼らが演じることになるかもしれない。

彼らの頑な抵抗の裏には、長年EUの予算やユーロ危機対策等を通じて、南欧諸国に巨額の支援を行ってきたものの、オランダの財務相が口を滑らしたように、「酒と女」に浪費して、競争力改善のための構造改革や投資に有効に使われてこなかったことへの強い不満が存在している。彼らは、財政資金移転を通じた救済よりも、市場統合の強化と併せて、環境保護やデジタル分野等での研究・開発にEUとしてもっと予算を投入して競争力の底上げを図り、米中などのライバルへの対抗を優先すべきであると主張している。また抵抗の背景には、それぞれの国内世論の動向もある。これらの国々は、スウェーデン、デンマークを筆頭に、世界に名だたる福祉国家で、かつアフリカをはじめとする発展途上国への支援の有力なドナーでもあった。しかし、近年グローバル化や少子高齢化の影響で、高負担が継続する一方で福祉予算が削られ、格差の拡大が進行している。移民の社会的統合にも苦労し、移民排斥運動も強まるなど、国民の間に不満が溜まり、次第に寛大さが失われつつある。それゆえ、南欧諸国支援にも、国民の厳しい目が向けられるようになっている。

他方、ハンガリー、ポーランドでは、近年保守的な愛国主義への回帰が見られ、民主主義、法の支配を理念に掲げるEUとの対立を深めている。今回の復興基金に関しても、EUの理念やルールを蔑ろにしている国々への資金配分に制約を科すことも検討された。しかし、ハンガリーのオルバン首相は、そのような制約を科すなら、全会一致が必要な復興基金案そのものに反対し、葬り去ると頑強に抵抗したことで、見送りとなった。しかし、専制色を強める両国に対する、フランスをはじめとする国々の反発は収まっておらず、この点では、先の倹約４カ国も同調する姿勢を見せている。

また、幸か不幸か、ハンガリー、ポーランド両国は、今のところユーロに参加する意向を見せていない一方で、クロアチアとブルガリアは、ユーロ参加の準備を進めており、遠くない将来にユーロ圏の拡大が見込まれている。しかし、ユーロ安定化への貢献が期待できるデンマークやスウェーデンの参加は将来的にも望み薄で、他方、今後参加の候補となりうる国々は、経済的に劣る国々ばかりとなっている。もちろん、バルト諸国のような成功例もあるが、ギリシャのような成功とはいい難い事例もある。ユーロ圏の拡大は望ましいが、格差解消のための財政負担が増えることは間違いない。

さらに、長きに渡って統合をリードし、今回の復興基金の創設にあたっても画期的な役割を果たしたドイツ、フランス両国も、それぞれの国内で多くの課題を抱えている。

ドイツでは、メルケル首相の退任を睨んで後継者争いが始まっているが、ユーロ危機をはじめ、長きにわたって卓越した手腕や指導力で危機を乗り切ってきた彼女の跡を継いで、ドイツの国内やEUを切り盛りしていくのは容易なことではない。国内では、新型コロナ危機対策の成功で、メルケル首相ならびに彼女の属するキリスト教民主同盟（CDU）の支持率が急速に回復しているが、元々は反ユーロで今は反難民を掲げる極右政党「ドイツにとってのもう一つの選択肢（AfD）」も、イスラム系難民の増加や所得格差の拡大に対する不満の増大を背景に、旧東ドイツ地域を中心に根強い支持を集めている。また、欧州中央銀行の金融政策に対する不満も根強く、国内の経済学者や法学者による提訴を受けて、2020年5月に、ドイツ連邦憲法裁判所は、欧州中央銀行による国債をはじめとする資産買い入れは一部違憲である、との判決を下した。判決そのものは、欧州中央銀行による資産の買い入れに直接ブレーキを掛けるものではないが、警告を発したともいえる。また長らくヨーロッパの安全保障で中心的な役割を果たしてきたアメリカが、トランプ政権になってからNATOのあり方に強い不満を漏らし、退く姿勢を見せる中で、ドイツはEUの安全保障政策においても、より積極的な軍事的、財政的貢献を求められるようになっている。しかし、ドイツがそれらの面でより積極的な国際的役割を果すことに国民は必ずしも好意的ではない。政権内でも意見が分かれ、社会民主党はこの面では慎重な姿勢を崩していない。

フランスのマクロン大統領も、2017年5月の就任以来、EU首脳の中でEU並びにユーロ圏改革の最も熱心な唱導者であり、同時に国内でも財政赤字の削減や競争力の引き上げのために、社会保障制度や労働市場改革に積極的に取り組んできた。しかし、国内の改革では、尊大ともいえる姿勢も災いして、黄色いベスト運動の盛り上がりに見られるように、強い抵抗と反発を招いている。また、2005年5月の国民投票によるEU憲法条約批准の否決に見られたように、フランス国民はかねてからEUに対して懐疑的な姿勢を変えていない。よって、今回の復興基金の創設も、マクロン大統領にとってどの程度政治的得点となりうるかは不明で、新型コロナ危機への対応に加え、年金改革など困難な課題が待ち構えている。2022年5月には次期大統領選挙も控えており、再選に向けていよいよ正念場を迎えることになる。

このように、統合をリードしてきたドイツやフランスも、共に国内に数多くの課題を抱え、決して統合の推進に追い風が吹いているわけではない。しかし、世界に目を転ずれば、そこではまさに混乱と混沌が広がっている。

第二次世界大戦後、グローバル・ガバナンスをリードし、ヨーロッパとも強固な同盟関係を築いてきたアメリカは、アメリカ第一主義を掲げるトランプ政権の誕生以降、国際協調に公然と背を向け、かつ新型コロナ危機によって混迷・混乱の最中にあり、もはやリーダーシップを期待すべくもない。他方で、世界第2の経済大国にのし上がった中国とEUは、ほんの数年前まで貿易をはじめ良好な関係にあった。ところが、習近平政権が急速に専制色を強め、香港の民主主義を踏みにじり、カンボジアなど独裁政権にも肩入れし、ファーウェイの台頭に見られるように情報通信分野でも、脅威となりつつあることで、今や蜜月関係は終わりを告げ、政治・外交そして経済面でも緊張が高まっている。同じく、専制色を強めるロシアのプーチン政権との確執も続いている。ブラジル、インドといった他の大国も、新型コロナ危機も加わって混乱の最中にある。世界がそのような状況にある中で、EUの国際的なプレゼンスは、少子高齢化による人口の減少や長引く経済の停滞によって低下傾向にあり、イギリスもEUを去った。よって、ここでEUが結束できなければ、協調を顧みず勝手気ままに振舞う大国の動きに翻弄され、分断や衰退が必至となりかねない。それゆえEUとしては是が非でも結束を維持・強化しなければならない。結局EU広しといえども、狭い国益に囚われず、グローバルな視野とEUの現状に対する強い危機意識を持ち、統合をリードしうる意思と能力を備えているのは、独仏両国だけのように思われる。

いうまでもなく、財政は国家主権の最も重要な柱の一つであり、EUがユーロの長期的な安定に欠かせない財政統合に進むには、加盟国間で強固な連帯、換言すれば、政治統合の深化が不可欠となる。ヨーロッパの通貨統合の歴史を振り返れば、ラテン通貨同盟やスカンジナビア通貨同盟など、政治統合なき国家連合からなる通貨同盟は、中には数十年にわたって続いたものもあるものの、最終的には瓦解した。他方、ドイツやイタリアなど諸邦からなり、最終的に政治統合を通じて国家の形成に至った通貨同盟のみが存続した。EUにも、ユーロに参加している国とそうでない国があり、最終的にEUやユーロ圏がどのような形になるのかはわからない。とはいえ、ユーロの長期的な安定が、政治統合の行方に懸かっているのは間違いない。フランスのミッテラン大統領と並びユーロの生みの親ともいうべき旧西ドイツのコール首相は、「ユーロは単なる金の問題ではない。ヨーロッパの将来が懸かった政治的プロジェクトだ」と述べた。その意味でまさしく、ドイツとフランスがユーロとEUの行方の鍵を握っているといえよう。

結びにかえて

ユーロが長期的に存続するためには、経済収斂の促進や競争力の引き上げを通じて、域内格差を是正し、非対称的ショックを除去していかなければならない。しかし、長年域内市場統合を進めてきて、市場ないし競争原理にすべてを委ねた経済統合だけでは、域内格差の是正に限界があることは、既に明らかとなっている。ユーロの長期的な安定のためには、財政資金移転の拡充を含めた強力な介入による格差の是正、ＥＵレベルでの連帯の強化が欠かせない。とはいえ、連帯という名の下での一方的な財政支援の拡充だけでは、やはり限界がある。支援を受ける側の国々でも、競争力の改善に向けた抜本的な構造改革の実行など、責任ある取り組みが必要不可欠となる。そうでなければ、支援を行う側に不満が残り、両者の対立は解消されない。それでは、ユーロの安定に欠かせない金融市場の信頼を得ることも困難であろう。同盟の名に相応しい、連帯と協力、努力と責任とがうまく合わさり、強固な相互信頼が生まれてはじめて、ユーロの安定と長期的な存続が可能となる。折しも世界は激動と混乱のカオスの中にある。ユーロの安定には、ＥＵは元より世界の安定が懸かっている。

（星野　郁）

［参考文献］

尾上修悟（２０１４）『欧州財政統合論』ミネルヴァ書房。

棚池康信・嶋田功・高屋定美編著（２０１８）『危機の中のＥＵ経済統合』文眞堂。

田中素香（２０１０）『ユーロ―危機の中の統一通貨』岩波新書。

星野郁（２０１５）『ＥＵ経済・通貨統合とユーロ危機』日本経済評論社。

ウルリッヒ・ベック（２０１３）、（島村賢一訳）『ユーロ消滅？―ドイツ化するヨーロッパへの警告』岩波書店。

デビッド・マーシュ（２０１７）、（田村勝省訳『ユーロ：統一通貨誕生への道のり、その歴史的背景と展望』一灯舎。
ロベール・ボワイエ（２０１３）、（山田鋭夫・植村博恭訳『ユーロ危機―欧州統合の歴史と政策』藤原書店。
European Council (2020), European Council conclusions, 17-21 July 2020 (https://www.consilium. europa.eu/en/press/press-releases/2020/07/21/european-council-conclusions-17-21-july-2020/
Financial Times.
OECD (2018a), *OECD ECONOMIC SURVEYS EUROPEAN UNION*.
OECD (2018b), *OECD ECONOMIC SURVEYS EURO ARE*.

第3章　ユーロを守るECB

――ユーロ安定のためのECBの役割と評価

はじめに

本章では大きな危機に直面した際のECBの立ち回りに焦点を当てる。今日のECBが備えている危機対応策の多くはヨーロッパ債務危機を切り抜けたドラギ元ECB総裁時代の産物だが、本章執筆時点では新型コロナウイルス（以下COVID-19）の感染拡大が金融市場に大混乱をもたらす中、ラガルドECB総裁も未曽有の一手を繰り出している。本章の目的は、これまでに確認されているECBの危機防衛ツールの整理と評価を行うことである。また、短いが、今後ECBに期待されそうな役割にも言及した。ECBによる危機対応の過去・現在・未来に関し、理解の助けになれば幸いである。

第1節 「ECB2・0」へ進化させたドラギ体制

本章の趣旨は「ユーロを守るECB―ユーロ安定のためのECBの役割と評価」をテーマに、主に危機に直面したECBの立ち回りを議論することにある。「ユーロを守るECB」というフレーズを耳にする時、ヨーロッパに明るい識者でなくとも「ユーロを守るためならばECBは何でもやる用意がある（the ECB is ready to do whatever it takes to preserve the euro）」というドラギ元ECB総裁の有名な言葉を思い返す向きは多いのではないか。2012年7月のロンドンで行われた講演で飛び出したこの発言は文字通り「ユーロを守るECB」の矜持を全面に押し出すものだった。

実際のところ、「ユーロを守るECB―ユーロ安定のためのECBの役割と評価」というテーマを議論することはそのまま「ドラギ体制のECBを総括する」という試みと重なる部分が大きい。2019年10月31日、ドラギ元ECB総裁は8年間の任期を全うし、そのバトンをラガルド新ECB総裁に託した。ドラギ元ECB総裁が尽力した8年間を一言で表せば「危機対応」である。2008年9月のリーマンブラザーズ破綻を契機に引き起こされた金融危機、2009年10月以降、これに誘発されたヨーロッパ債務（とりわけギリシャ）危機。これらの傷跡の結果として浮上したユーロ圏経済の日本化懸念。2011年11月1日にスタートしたドラギ体制は危機と共にあった。本章はドラギ体制を顧みることが目的ではないが、現在のＥＣＢが備えている危機対応策を整理し、「ユーロを守るＥＣＢ」の実相に迫っていくと、そのほとんどがドラギ体制で生み出されたものだという事実が分かってくる。危機に寄り添ったドラギ体制は、ＥＣＢがユーロを守る上で必要な能力を蓄え続けた時代だった。その意味でＥＣＢはドラギ体制で進化したと筆者は考えている。ドラギ体制以前のＥＣＢが「ＥＣＢ１・０」とすれば、さしずめ「ＥＣＢ２・０」に進化したと言えるのではないか。

なお、本章の執筆を進める最中、ＣＯＶＩＤ-19の感染拡大を背景にユーロ圏のみならず世界全体の経済・金融情勢が大混乱に陥っており、現在も終息の兆しは見えない。ラガルドＥＣＢ総裁もまた新しい危機対応に直面する立場に追い込まれており、その先にある「ＥＣＢ３・０」に向け新しい地平を切り拓こうとしているようにも見受けられる。本章ではラガルド体制下のＣＯＶＩＤ-19対応についても、時間の許す限り、極力盛り込む努力はしたつもりだ。

限られた紙幅を踏まえ、本章は大まかに２本立てとした。まず第２節で「危機で進化したＥＣＢ――手に入れた危機対応策」と題し、現在に連なる各種の危機対応策を整理した。上述したように、その多くはドラギ体制で生まれたものだが、ラガルド体制もまた、目を見張る一手を繰り出している真っ只中である。その上で、第３節では「各種防衛策の評価と今後の展望」と題し、それらの政策に評価を与えている。なお、第３節では評価にとどまらず、これからのＥＣＢがどのような政策運営の形をとっていくのかという視点もわずかながら含めた。繰り返しになるが、限られた紙幅での解説となるため、取り扱えなかった論点は数多い。ＥＣＢの政策運営や組織については拙著『ＥＣＢ欧州中央銀行：組織、戦略から銀行監督まで』（東洋経済新報社）で詳しい解説を展開しているので関心のある読者には是非ご一読頂きたい。

第2節　危機で進化したＥＣＢ――手に入れた危機対応策

(1)　流動性供給政策

危機で多様化した長期流動性供給（ＬＴＲＯ）

ＥＣＢの危機対応策は多岐に亘るが、まずは各種の流動性供給政策を紹介するのが基本である。２００７年８月以降、ＥＣＢは長期流動性供給（LTRO：Longer-Term Refinancing Operation）の枠組みの中で数々の策を編み出してきた。ＢＮＰパリバショックが発生した２００７年８月９日の直後もＥＣＢは迅速に動いた（この時はまだトリシェ元ＥＣＢ総裁である）。流動性供給政策に関しては担保政策のあり方などを含め多くの論点があるのだが、専門的になり過ぎることは本章の趣旨とは逸れるので割愛する。

本章ではドラギ体制下で「最大の功績」と称されることも多い36カ月物ＬＴＲＯの紹介に紙幅を割きたい。これ以外にも36カ月物ＬＴＲＯへの反省から生まれた貸出実績連動型のターゲット型長期流動性供給（TLTRO：Targeted Longer-Term Refinancing Operations）や、その後継枠組みでマイナス金利が適用される（つまり金融機関への「ご褒美」付きの枠組みである）ＴＬＴＲＯ２やＴＬＴＲＯ３も興味深い政策なのだが、本章で深入りすることは避けたい。

ちなみに２０２０年４月30日には、ラガルドＥＣＢ総裁の下、パンデミック緊急長期流動性供給プログラム（PELTRO：Pandemic Emergency Longer-term Refinancing Operations）という名称で、やはりマイナス金利が適用される資金供給政策が発表されている。本章執筆時点のＥＣＢは、限界近くまで突き進んでいる政策金利の水準や資産購入の規模をいじるのではなく、資金供給の枠組み、とりわけその適用金利に創意工夫を凝らすことで緩和効果を担保しようとする姿勢が見受けられる。こうした動きがＥＣＢにとって新世代の政策運営となっていくのかどうかは注目である。本章執筆時点でこうしたマイナス金利付き資金供給には旺盛な需要が確認されており、適用されるマイナス金利を最大で▲１・０％まで拡げたＴＬＴＲＯ３の初回入札（ＴＬＴＲＯ３としては第４回入札：２０１９年６月18日実施）は１兆３０８４億ユーロと過去最大を記録している。

36カ月物ＬＴＲＯ導入の背景

話を36カ月物ＬＴＲＯに戻す。ここではその導入背景を紹介しておきたい。ＥＣＢは２０１１年12月８日の政策理事会で36カ月物という当時としては史上最長となるＬＴＲＯの導入を決定した。極限まで高まっていたヨーロッパ債務危機の緊張を和らげることに主眼が置かれた政策であった。この一手こそが後述する無制限の国債買い切りプログラム（OMT：Outright Monetary Transactions、後述参照）と共に、ヨーロッパ債務危機を収束させるゲームチェンジャー（流れを変える一手）になったとの評価は根強く、ドラギ体制の代名詞のように言われる重要な政策である。それゆえ、多少紙幅を割いてでも2011年が如何に苛烈な年であったのかは説明しておく価値があると考える。

36カ月物LTROが導入・実施された2011年下半期から2012年初頭は段階的に深刻化したヨーロッパ債務危機の中でも最悪期だった。2009年10月、ギリシャ新政権が発足と共に財政赤字の詐称問題を公表したことを皮切りに「ユーロ圏は崩壊するのか否か」がその後3～4年にわたって金融市場の主要テーマとなった。ギリシャから始まった危機は2011年上半期にかけてアイルランド、ポルトガルといった小国に伝播し、2011年夏を境にイタリアやスペインなどの大国にまで火の粉が及んだ。重債務国の国債を大量に保有する金融機関の経営不安が慢性的に報じられ、政府の債務危機から銀行危機への発展が不安視され始めたのがこの頃である。ちなみに、この頃から政府と金融機関を繋ぐ悪循環の「負の鎖」が意識され、欧州銀行同盟の必要性が認識されるようになった。本章では解説を避けるが、単一銀行監督の権限をECBが掌握する以上、欧州銀行同盟の枠組みも広い意味ではECBの危機対応策の1つと考えて差し支えないだろう。

こうした状況下、まずECBは稼働を停止していた証券市場プログラム（SMP：Securities Markets Programme）の活用に踏み切る。それまで小国限定と見られていた国債の購入対象をイタリアやスペインなどの大国へ広げたのだ（SMPは後述参照）。こうして危機が域内の大国へ及ぶ中、震源地となったギリシャの状況も着実に悪化していた。２０１０年６月に合意・実施された第１次金融支援にもかかわらず、同国の改革は進まず、慢性的に資金繰り不安が浮上した。その後、２０１１年10月26～27日のＥＵ／ユーロ圏首脳会議では①ギリシャ向け金融支援における民間負担の増加、②欧州金融安定基金（EFSF：European Financial Stability Facility）の規模拡大、③欧州銀行監督機構（EBA：European Banking Authority）のストレステスト結果に基づく金融機関の資本増強などを含む救済パッケージが決定され、これにてギリシャ問題は一応収束したかに思われた。

しかし、そこからわずか数日後の10月31日、パパンドレウ・ギリシャ首相（当時）は突如、第２次金融支援の受け入れに伴う財政改革に関し、国民投票でその意思を問う方針を発表したのである。金融支援の打ち切り、ギリシャの財政破綻ひいてはユーロ圏離脱を連想した金融市場は大混乱に陥った。結局、11月４日、パパンドレウ首相はこの方針を撤回したが、緊張感は払拭されないまま残った。ちなみに混乱の最中、パパンドレウ首相は辞任を表明し、11月12日にはパパデモス氏が新首相に就任した。

一方、同時期のイタリアでも財政不安から10年金利が支援要請ラインと目される７％を突破し（一時７・５％付近まで上昇）、11月12日には約９年間在任したベルルスコーニ首相（当時）が辞任、翌13日には経済学者のモンティ氏が新首相へ就任した。さらに、スペインでは11月20日に行われた総選挙にて７年ぶりの政権交代が実現し、サパテロ首相（当時）に代わってラホイ氏が新首相に就任した。２０１１年に見られたヨーロッパの政権交代劇はこれだけに止まらない。前年10月に金融支援を要請したアイルランドでは2011年3月に14年ぶりの政権交代が起き、その翌月となる4月に金融支援を要請したポルトガルでも2カ月後の6月に6年ぶりの政権交代が起こった。つまり、PIIGSと呼ばれた重債務国5カ国すべてで政権交代が起きたのが2011年という年だった。

1兆ユーロ超の流動性供給

こうした状況下、ヨーロッパの金融機関に対しては、果たして今後到来する債券（銀行債）の償還に耐えられるのかという懸念が持ち上がるようになった。これは（当時から見て）3年前に発生したリーマン・ショック直後に発行された銀行債の多くが3年物であったことにも起因していた。ドラギ体制が始まった2011年11月1日はこのように危機ムードが極限まで高まっていた時期だったのである。就任2日後に開催された政策理事会では主要リファイナンシングオペレーション（MRO：Main Refinancing Operation）金利の▲25ベーシスポイント引き下げのほか、カバードボンド購入プログラム第2弾（CBPP2：Covered Bond Purchase Programme）が決定された。

そして、その1カ月後となる12月8日の政策理事会で当時としては史上最長となる36カ月物LTROを借入期間中のMRO金利の平均で無制限に供給するという異例の措置を決定したのだった。注目の入札結果は2011年12月21日、2012年2月29日の2回でそれぞれ4892億ユーロ、5295億ユーロとなり、合計1兆1187億ユーロもの流動性が供給されることになった。この規模も当時としては史上最大で話題を呼んだ。なお、後日、ドラギ元ECB総裁はこうして供給された36カ月物

ＬＴＲＯの大規模な流動性の大半が銀行債の償還に充てられたことを認めており、時宜を捉えた判断であったことを強調している。36カ月物ＬＴＲＯがなければ短期金融市場を中心として大変な混乱が広がっていたであろうことは想像に難くない。そうなった場合、単一通貨の存続自体が危ぶまれる展開になっていた可能性も十分考えられるだろう。

(2)　資産購入政策

ＥＣＢにとっては鬼門の資産購入政策

中央銀行の危機対応と言えば「大量の資産（とりわけ国債）を購入する量的緩和政策（以下単にＱＥ）」を思いつく読者は多いだろう。実際、今日のＥＣＢも複数の資産購入政策を備えている。流動性供給政策と同様、細かな論点をすべて紹介するには紙幅が足らないため、本章では①証券市場プログラム（ＳＭＰ）、②国債買い切りプログラム（ＯＭＴ）、③公的部門購入プログラム（Public Sector Purchase Programme、以下ＰＳＰＰ）、④パンデミック緊急購入プログラム（Pandemic Emergency Purchase Programme、以下ＰＥＰＰ）の4本に絞って解説したい。それぞれ域内国債を購入対象とするという意味では共通しているが、ＳＭＰやＯＭＴは市場機能の保全などあくまで「金融システムを守る」という視点から導入されているのに対し、ＰＳＰＰは景気刺激を主眼とした政策と考えられている。ＰＥＰＰはその両方の意味合いを持つ極めて特殊なプログラムだ。

①　証券市場プログラム（SMP）

SMP導入の背景

第1次ギリシャ危機を巡る緊張がピークを迎えていた2010年5月10日、ECBは各種流動性供給政策と共にSMPの導入を決定した。危機対応としてECBが有価証券の購入に踏み出した初めての政策であった。SMPの主目的は「適切な金融政策の波及メカニズムおよび中期的な物価安定に向けた金融政策の効果的な実施を取り戻すこと」とされ、この大義の下、機能不全に陥った金融市場へ介入したのであった。2010～2011年はヨーロッパ債務危機を背景にパニック的なムードが頻発し、一部加盟国の利回りが際限なく上昇するのではないかとの恐怖感が蔓延していた。何らかの公的介入が必要な局面だったことは間違いない。

このようにSMPの主目的は政策効果の波及メカニズム修復に置かれていたことから、あくまで「金融政策スタンス（緩和 or 引き締め）は影響を受けない」というのがECBの公式説明であった。これは言外に「SMPは断じて、景気刺激を目的とするQEではない」という意図を含んでおり、実際にSMPに伴って発生した余分な流動性をECBは完璧に不胎化（吸収）していた。

再稼動が話題になったSMP

SMPの運用を巡っては、危機対応に不慣れなECBの未熟さが垣間見られた。ECBが公表するデータを見る限り、2011年3月以降、SMPは稼動を停止していた。厳密には、債務危機による混乱が続いていた同年４～８月の間、ＳＭＰは使われなかったのである。その後、状況悪化に痺れを切らしたかのように、同年８月４日の政策理事会を境に突然稼働が始まった。会見でトリシェＥＣＢ総裁（当時）はＥＣＢの口から公式にＳＭＰの一時停止が表明されたことはないと述べ、会合３日後の８月７日にはＥＣＢから「Statement by the President of the ECB, 7 August 2011, ECB」と題した総裁声明まで公表され、「ＳＭＰをより積極的に実施する」ことが謳われた。ＳＭＰの運営に関しては、その後に連なる各種の非標準的政策に比べて情報公開が不十分な部分が大きかったと言わざるを得ず、手探りの部分が大いにあったことが窺い知れる。

ちなみに、ＳＭＰの再稼動を巡っては２０１１年２月にウェーバー・ドイツ連邦銀行総裁、同年９月にシュタルクＥＣＢ理事（いずれも当時の肩書き）が相次いで任期途中で辞任するという動きがあった。両名共にそのような表明をしたわけではないが、ＥＣＢの政策運営に対する抗議辞任という見方がもっぱらである。[1] 上述したように、混乱が続いていた同年４～８月にＳＭＰは運用されなかったわけだが、その背景にはこうした内輪揉めがあったものと推測される。様々な因縁を孕んだＳＭＰだが、翌年の２０１２年９月６日の政策理事会で後継スキームであるＯＭＴが導入され、廃止されることになる。

②　国債買い切りプログラム（OMT）

OMT導入の背景

ＥＣＢは２０１２年９月６日の政策理事会でＳＭＰに代わる新たな国債買い切りプログラム（ＯＭＴ）の導入を決定した。２０１２年も上半期にかけて債務危機が猛威を振るっていた時期である。同年３月にはギリシャ国債を巡って、遂に民間債権者が債権放棄を迫られるという事態まで勃発した。これに乗じてギリシャの国債並びに政府保証債務が一時的にＥＣＢの定める適格担保から除外され、ギリシャの銀行部門は資金繰りに窮し、文字通り青息吐息の状況に陥っていた。また、ギリシャだけではなく従前より支援要請の噂が絶えなかったスペインも２０１２年６月９日、国内銀行の資本増強を目的とした資金支援をＥＵへ要請する方針を発表している。

しかし、ギリシャにおける民間債権者負担や政局流動化、スペインによる支援要請といった難局を乗り越えながらも、「ユーロ崩壊」への恐れは消えず、南欧諸国の国債利回りは上昇を続けた。こうした状況で耳目を集めたのが、２０１２年7月26日、ロンドンで行われた講演[2]においてドラギ元ＥＣＢ総裁が言い放った「ユーロを守るために必要とされるいかなる措置をも取る用意がある。私を信じてくれ」という有名なフレーズである。恐らくドラギ元ＥＣＢ総裁の任期中で最も有名な講演であり、危機対応に不慣れだったＥＣＢが「ユーロを守る」存在であることを内外に誇示した一コマでもあった。当時のＥＣＢの政策運営を振り返れば、２０１２年３月以降、ＳＭＰの稼働が（恐らくは内輪揉めで）停止し、同プログラムを通じてＥＣＢが保有する国債残高は償還によって自然減へ転じるような状況にあった。市場では「いつになったらECBは動き出すのか」との猜疑心が渦巻いており、だからこそ「なんでもやる」との姿勢が示されたことの意味は大きかった。

この「なんでもやる」の具体的な回答こそがOMTであった。ドラギ体制で打ち出された危機対応策は数多いが、前述した36カ月物LTROがOMTと並んでユーロの崩壊・瓦解を回避する決め手になったという評価は根強い。ドラギ元ECB総裁自身も、2013年6月6日の政策理事会後の会見でOMTの効果を問われ「近年採用された金融政策で恐らく最も成功を収めた」などと露骨に自画自賛している[3]。

無制限購入という「抜かずの宝刀」

OMTの最大の特徴は一定の条件を満たした場合、当該国の短・中期国債（1～3年満期）を「無制限に購入できる」という点だった。この「無制限」ないし「無限」といったフレーズが不安のどん底にあった市場心理を上手く掴んだと言える。だが、「無制限」というワードにインパクトがあった一方、その発動条件は決して単純なものではなかった（その解説は長くなるので本章では控える）。「無制限」を全面に押し出す以上、相応の代償は当然だが、前身のSMPがECBの裁量によって比較的自由に実施されていたことを思えば、運用のハードルは高くなった印象さえあった。本章執筆時点では導入から丸8年が経過するが、使用実績は一度もない。文字通り「抜かずの宝刀」となっていることがその運用の難しさを物語っているようにも感じられる。

そもそも使われたことがないので、実効性自体に疑義を唱える向きもある。OMTの前身であるSMPもあらかじめ量的な限界を決めない枠組みであったので何も変わっていないかもしれない。むしろOMTはSMPと比較して実施条件が厳格化されているので、ことさらパワーアップされた秘策であるように考えるのは危険という考え方もあるだろう。しかし、たとえ誇大表示であったとしても絶望の淵にあった市場心理を持ち上げ、期待を巧みに操ることに成功したドラギ元ECB総裁の「市場との対話」は高く評価されるべきものと言える。「ユーロを守るECB」という論点を議論するにあたって、「何でもやる」スピーチから連なるOMT誕生までのエピソードは外せないものだと言って良い。

ちなみに、COVID-19の感染拡大を受けた非常事態が続く中、2020年4月、ラガルドECB総裁は「OMTに踏み込むつもりはないのか」という記者の質問に対し、「OMTは特定の加盟国の財政・構造政策を背景にユーロ圏崩壊リスクが自己実現的（self-fulfilling）に高まっているケース」に使用するものであり、現在はそうではないとして否定している。[4] OMTという政策がユーロ圏の崩壊・瓦解が密接に関連しているとの基本認識が改めて示された格好である。

③　公的部門購入プログラム（PSPP）

「ECBのQE」としてのPSPP

上述したとおり、SMPやOMTの狙いはあくまで「金融システムの安定」にあり、景気刺激を狙ったものではなかった。それゆえ、資産購入の対価として供給された流動性はＥＣＢのオペを通じて吸収（不胎化）されていた。これに対し、いわゆる景気刺激を企図したＱＥといった場合、拡大資産購入プログラム（the expanded Asset Purchase Programme、以下ＡＰＰ）がそれに相当する。

ＡＰＰとは４つの資産購入プログラムの総称であり、本章執筆時点に至るまでＥＣＢの重要な政策ツールの1つと位置づけられている。その４つとはカバードボンド購入プログラム第3弾（Covered Bond Purchase Programme、以下ＣＢＰＰ３）、資産担保証券購入プログラム（Asset-Backed Securities Purchase Programme、以下ＡＢＳＰＰ）、公的部門購入プログラム（ＰＳＰＰ）、企業部門購入プログラム（Corporate Sector Purchase Programme、以下ＣＳＰＰ）である。導入時期はそれぞれバラバラでＣＢＰＰ３とＡＢＳＰＰは２０１４年9月4日、ＰＳＰＰは２０１５年1月22日、ＣＳＰＰは２０１６年3月10日の政策理事会であった。すなわち年1回ペースで資産クラスが追加されてきたイメージになる。なお、ＣＳＰＰは社債を購入対象とするプログラムである。

この中で景気刺激を狙った「ＥＣＢのＱＥ」といった場合、一般的には国債購入を担うＰＳＰＰを指すことがほとんどだ。これはＡＰＰの購入額のほとんどがＰＳＰＰで占められてきた実情を踏まえれば、当然と言える。本章執筆時点でもＡＰＰとＰＳＰＰはほぼ同じ意味で使われることが多い。

ＰＳＰＰ導入の背景

２０１５年1月22日にＰＳＰＰを導入するまでＥＣＢは国債を対象とするＱＥ（以下ソブリンＱ

Ｅ）を採用せず、これがＦＲＢや日本銀行と比較した大きな違いだと言われていた。ＰＳＰＰ導入よりも前の２０１４年６月にマイナス金利が導入されたのはユーロ圏ならではの動きだったと言える。これはＥＣＢの国債購入は「健全な西欧諸国」から「不健全な南欧諸国」への実質的な所得移転（救済）であるという問題意識があり、マイナス金利の方がソブリンＱＥよりも内部の政治的な調整が容易だったという事情があると考えられる。既に言及したが、国債購入絡みでドイツ出身の政策理事会メンバーが抗議辞任したケースは複数ある。本章執筆時点だけでも３回ほどのケースがあり、２０１２年にはウェーバー独連銀総裁とシュタルクＥＣＢ理事がＳＭＰの再稼動を巡って相次いで途中辞任している。また、２０１９年にはラウテンシュレーガーＥＣＢ理事がやはりＡＰＰの再稼動を巡って途中辞任している（いずれも肩書きは当時のもの）。ＥＣＢとして「国債を購入する」という行為は、ドイツを筆頭として意見集約を図るのが難しいテーマになりがちだということが良く分かる。

しかし、後述するように、２０１４年６月にマイナス金利という劇薬に手をつけたにも拘らず、域内の物価は全く浮上せず、遂に２０１５年１月、ＥＣＢはソブリンＱＥの導入に追い込まれることになった。なお、景気刺激を目的とした国債購入という意味では２０１５年１月22日の決定がＥＣＢにとって初めてであり、これを機に日米欧三極の中央銀行すべてがソブリンＱＥに手を染めることになった。景気刺激策としてのソブリンＱＥは日本銀行が圧倒的に早くて２００１年３月、これに次いでＦＲＢが２０１０年11月に着手しており、これらと比べればＥＣＢのそれはかなり遅いものであったと言える。なお、２０１５年１月22日の政策理事会は、ＥＣＢとして初めて議事要旨を公表した会

図表１　ECBのバランスシートにおける各種流動性供給およびユーロ建て債券・証券の残高

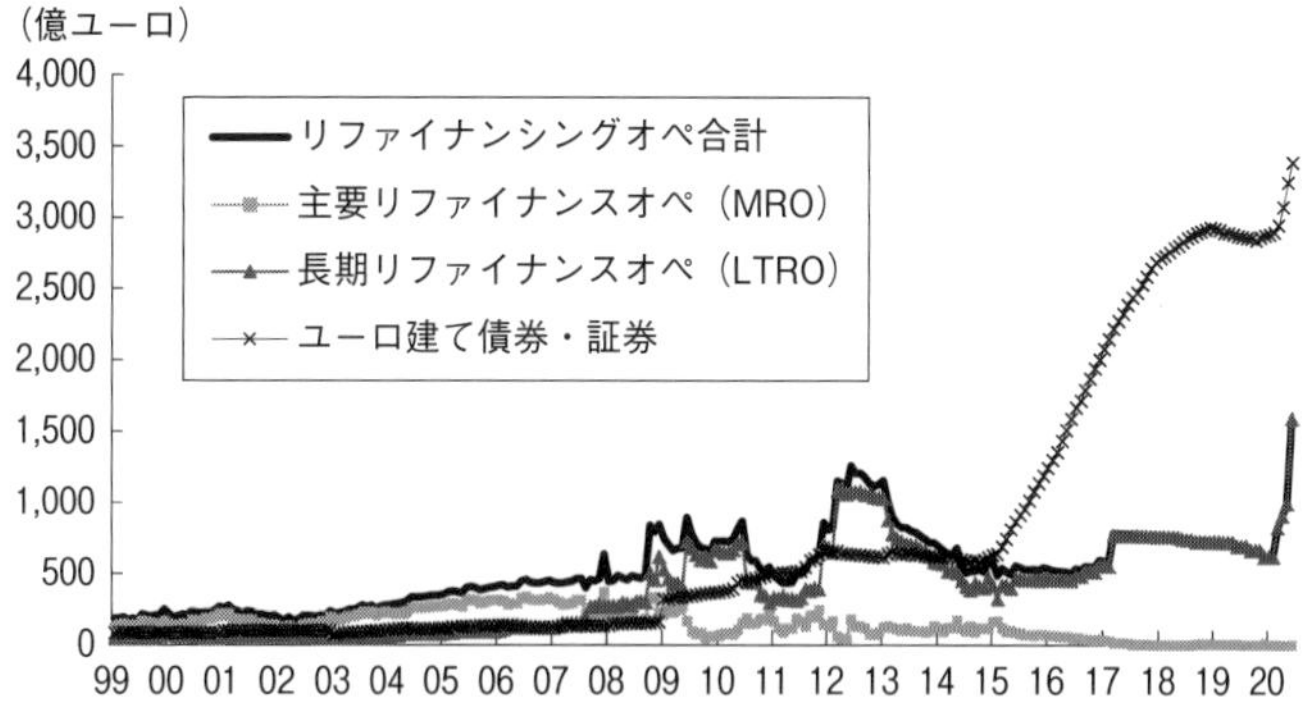

（出所）Datastream、2020年6月時点までの数字。

合でもあり、その意味でも歴史的な会合であった。

２０１５年以降の主役だったＰＳＰＰ

ＰＳＰＰの購入規模は状況に応じて増減が繰り返されてきたが、２０１５年3月以降のＥＣＢのバランスシートを見れば、その影響の大きさは一目でわかる。本章執筆時点に至るまで、ＥＣＢのバランスシートは「ユーロ建て債券・証券」の項目にけん引される格好で膨張を続けている（図表１）。とりわけ、ラガルドＥＣＢ総裁の下ではＣＯＶＩＤ-19への対応としてパンデミック緊急購入プログラム（ＰＥＰＰ）を導入したことの影響がＰＳＰＰのそれよりも遥かに大きく、この点は次項で解説したい。

筆者は量的な緩和効果を誇張すべきではないと考える立場だが、ＰＳＰＰ抜きでユーロ圏の崩壊に怯える市場不安を押さえ込むのは困難だったのは間違いない。具体的には、ＰＳＰＰが誕生したことによって、資産購入の規模以外にも、資産クラスや購入年限や金利、その他細かな仕様の修正など、金融市場からの緩和催促に対してECBが「できること」が増えたという事実は大きかった。2015年以降の政策運営の主役はPSPPだったという印象は大いにある。

ちなみに、ECBにおいてソブリンQEが「禁断の一手」のように見なされ、FRBや日本銀行に遅れて導入せざるを得なかったのは非救済条項と呼ばれるEU機能条約第123～125条やドイツを筆頭とする健全国からの強い反対があったからであり、その意味で単一通貨圏特有の悩みが決断を鈍らせた面があったと言える。そのほかにも単一通貨圏特有の論点がPSPPにはついて回り、周囲が期待するほどECBが国債を購入して流動性を供給することが簡単ではない事実が再三クローズアップされた。例えば購入した国債から生じる損失をどの国が、どの程度の割合で負担するかなどの論点は議論を呼んだが、これはほかの中央銀行であれば話題にすら上がらないものである。

④　パンデミック緊急購入プログラム（PEPP）

形振り構わない緊急策

本章執筆時点でもCOVID-19の感染拡大がもたらした世界経済の混乱は完全には収まっておらず、「底」がどこにあるのか全く見当もつかない状況である。ユーロ圏もイタリアやスペインを中心として大変な犠牲を被っており、ほぼ間違いなく単一通貨ユーロ、いやEUが発足して以来、最大にして最悪の危機と言って差し支えない。とりわけ元々財政状態が脆弱である一部の加盟国（特にイタリア）ではショックを緩和するための財政支出が膨張するとの懸念から国債利回りが急騰する事態に陥った。この局面ではドイツ国債の利回りまでもが上昇し、域外では米国債の利回りまで上昇する場面も見られた。このような窮状を受けてラガルドＥＣＢ総裁は２０２０年３月18日に臨時政策理事会を開催した。ここで決定されたのがパンデミック緊急購入プログラム（ＰＥＰＰ）である。その目的は「金融政策の波及経路とユーロ圏の経済見通しに対してCOVID-19の感染拡大がもたらす深刻なリスクに対抗するため」とされ、市場機能の保全と景気刺激という２つの意味合いが込められた政策と理解できる。

ＰＥＰＰの規模は総額７５００億ユーロの規模を誇り、しかもＰＳＰＰと比較すると、購入上限として課されるはずの発行残高に関するルール[5]が取り払われ、購入対象外とされてきたギリシャ国債も購入可能とされた。さらに企業発行の短期債（ＣＰ）も対象に追加されるなど大盤振る舞いと言えるものであった。原則として各国のＥＣＢに対する資本金出資比率に準じた購入が求められたが、この点も柔軟な運営（a flexible manner）が強調され、文字通り、形振り構わない緊急対応であった。

なお、この決定から３カ月も経たない２０２０年６月４日の政策理事会でＰＥＰＰは総額７５００億ユーロに６０００億ユーロを上乗せした１・35兆ユーロへ、期間は２０２１年６月末まで延長されている。さらにＰＥＰＰで購入された資産は２０２２年末まで再投資する方針も明示された。この追加決定時点でＰＥＰＰはまだ30％程度しか枠を使っていなかったことを思えば、ラガルド体制の並々ならぬ危機感の表れと読み取ることができよう。この点、２０２０年７月８日付の英フィナンシャルタイムズ紙に掲載されたインタビュー[6]でラガルドＥＣＢ総裁は「ユーロを守るＥＣＢの努力に際限は無い（"no limits"）」と述べ、かつてのドラギ元ＥＣＢ総裁の名言"whatever it takes"を彷彿とさせる積極性を垣間見せている。ラガルドＥＣＢ総裁は文字通り、歴史を作っている最中と言えよう。

期間や対象資産について

ＰＥＰＰは本章執筆時点でＥＣＢの政策運営の主軸と言うべき存在であり、なおかつ未知のウイルスとの闘いに応じて変化している現在進行形の政策である。ここでは現時点で明らかになっている情報だけ簡単に紹介しておきたい。

ＰＥＰＰの導入当初、実施期間は２０２０年末までとされた。厳密には「政策理事会が新型コロナウイルスの危機局面が終息したと判断すれば、年末前に終了する」と記述されており、この時点では「遅くとも２０２０年中にＣＯＶＩＤ-19が終息する」という大前提があったことが窺える。だが、上述したとおり、この決定から３カ月も経たないうちに「２０２１年６月末」までに延長されている。本章執筆時点でもＣＯＶＩＤ-19の終息ははっきりと見えていないことから、実施期間は恐らくかなり延伸される可能性が高いと捉えておくべきだろう。

購入対象資産は「拡大資産購入プログラム（ＡＰＰ）で対象とする資産すべて」とされ、国債、社債、地方債、資産担保証券、あらゆる有価証券が対象とされたが、上述したように、ギリシャ国債などＡＰＰでは対象外とされる資産も一部含まれた。例えばＰＥＰＰ導入後２カ月間（２０２０年４〜

5月、ＰＥＰＰの実績は2カ月ごとの公表）の購入実績を紹介しておくと、国債・政府機関債が79・5％（国債が73・6％、国際機関債は5・9％）と全体の8割を占め、これにＣＰが15・1％、社債が4・5％と続いている。ちなみに発行／流通市場の内訳も示されておりＣＰでは81・2％が、社債では62・4％が発行市場での購入となっている（当然だが、国債は全て流通市場から購入）。

こうした実績情報から言えることは、ＰＥＰＰは国債利回り抑制という定番の効果のほか、企業金融支援策の顔も持つということだろう。ＣＯＶＩＤ-19で甚大なダメージを被った企業部門の惨状を踏まえれば、適切な措置であった言える。ちなみに、注目の国債購入の内訳ではイタリア国債への傾斜がやはり目立っており、出口まで含めた展望を議論するにあたっては、「買い過ぎたイタリア国債問題」の始末は問題になりそうである。しかし、その甲斐もあってイタリアの10年金利は２０２０年10月には過去最低水準にまで低下している。

(3)　マイナス金利政策

QEよりも取っ付きやすかったマイナス金利

上述したように、ＥＣＢのＱＥ導入は日米と比較して遅かった。しかし、ＥＣＢはＱＥ導入以前に劇薬と言われていたマイナス金利を先行導入している。ＥＣＢがＱＥを導入するにあたっては、ドイツに代表される「健全な西欧諸国」からギリシャに代表される「不健全な南欧諸国」への実質的な所

図表2　ECB政策金利の推移

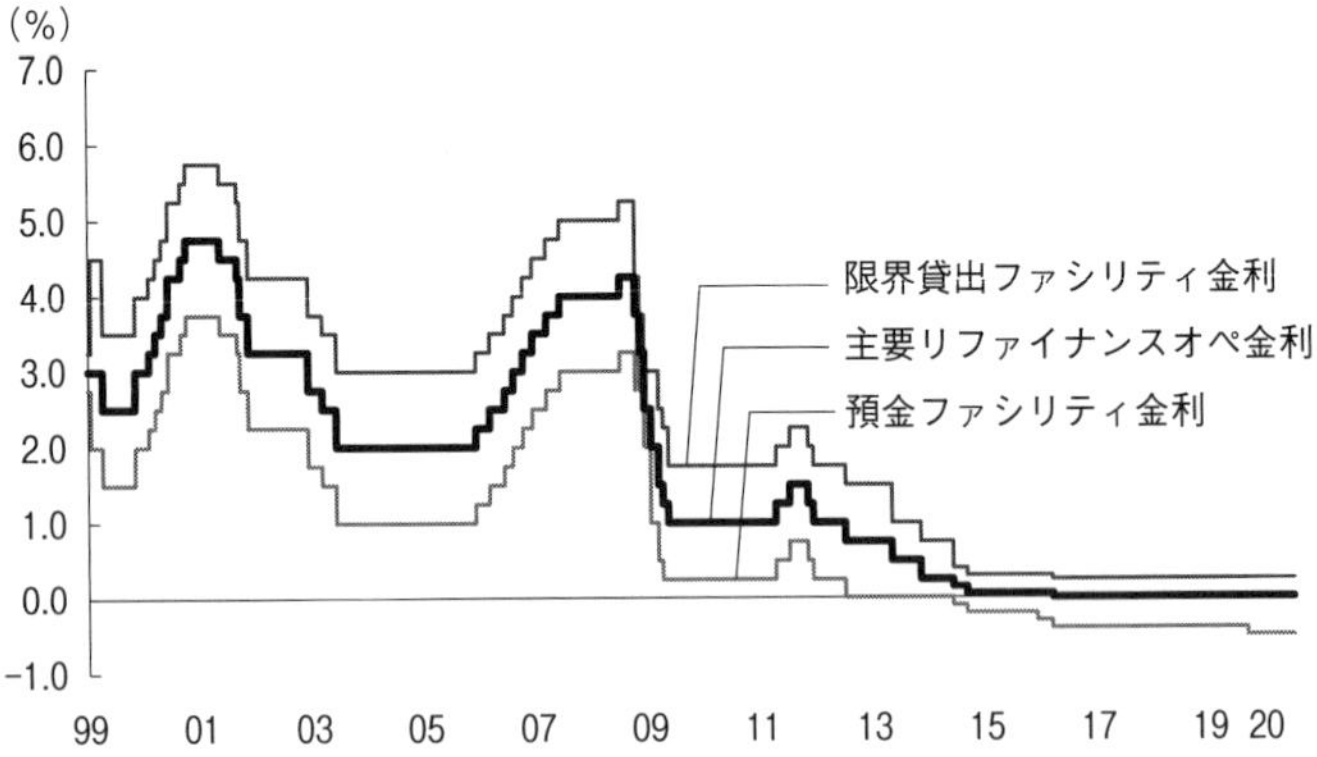

（出所）Bloomberg、2020年7月までの数字。

得移転（救済）という争点をどうしてもはらむため、内部調整が難しいという事情があったものと推測される。また、EU条約に照らした適法性（救済禁止条項への抵触）を懸念する声もあった。諸条件に鑑みれば、「マイナス金利の方が取っ付きやすい」という単一通貨圏ならでは事情があったものと推測される（図表2）。

マイナス金利導入の背景

マイナス金利導入に至った当時のユーロ圏の情勢を振り返ると、年初来高値を断続的に更新するユーロ／ドル相場（2012年半ばから一方的に上昇）、高まるディスインフレ懸念（消費者物価指数はゼロ近傍で推移）、伸びない貸出（導入直前の2014年5月時点で25カ月連続の前年割れ）、36カ月物LTROの早期返済に伴う短期金利の上昇など、追加緩和を迫る材料に溢れていた。こうした状況下、既にゼロ％まで引き下げられていた預金ファシリティ金利がマイナス圏に引き下げられるとの思惑は確かにくすぶっていた。片や、上述したソブリンQEや36カ月物LTROの再導入なども考えられたため、一足飛びにマイナス金利政策という未踏の領域に踏み込むことはないとの見方も相応にあった。実際、マイナス金利導入に伴うデメリットに着目する論調は根強いものがあった。例えば、金融機関経営を不安定化させ、逆に金融仲介機能を毀損するといった指摘のほか、世界最大の経常黒字を抱える通貨圏の中央銀行として露骨な通貨安誘導であるマイナス金利政策は道義的に問題があるといった声もあった。

それでも当時のECBはマイナス金利政策の導入という道を選んだ。より正確に言えば、2014年6月5日の政策理事会は、マイナス金利政策だけではなくターゲット型長期流動性供給（TLTRO）や資産担保証券購入プログラム（ABSPP）の検討なども発表しており、政策を出し惜しむことなく、デフレ懸念を完全払拭したいという気合いが見て取れた。しかしながら、導入から丸6年が経つ本章執筆時点に至るまで、域内の消費者物価指数が安定的に2％付近で定着したことはなく、当初企図したとおりの政策成果が上がっているとは言えない（図表3）。

度重なる下限到達宣言

ちなみに、マイナス金利政策に関しては、ドラギ元ECB総裁が金利の下限到達を繰り返し宣言しながら、その後複数回の利下げに追い込まれるという失態を晒したという歴史がある。まず、マイナス金利導入を決定した2014年6月の政策理事会でドラギ元ECB総裁は「あらゆる実務的な目的

図表３　ユーロ圏消費者物価指数（HICP）の推移

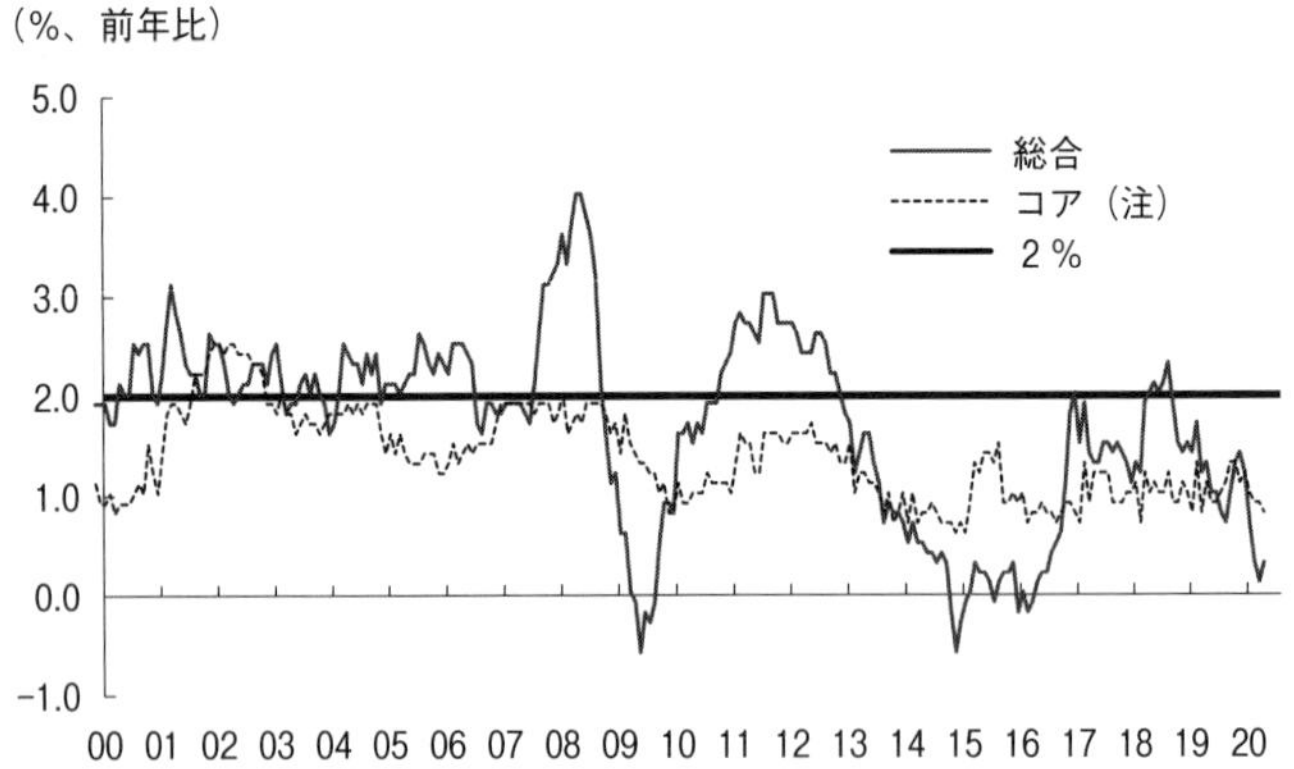

（注）コアは「エネルギー、食品、アルコール飲料、タバコを除く」。2020年６月までの数字。
（出所）Datastream.

に照らして、（金利は）下限に到達した。だが、いくぶんかの技術的な調整はある」と述べ、これが事実上の下限到達宣言と受け止められた。しかし、そのわずか３カ月後の２０１４年９月４日の政策理事会で預金ファシリティ金利はさらに10ベーシスポイント引き下げられた。この際、会見でドラギ元ＥＣＢ総裁は「実務的な目的では下限に達したと述べていたが、技術的な調整はあり得ると我々は述べた。その技術的な調整を行ったのである。今や技術的な調整も不可能な水準まで金利は下がった」と述べ、今度こそ「本当の下限到達」である旨を強調した。

しかし、利下げを巡るコミュニケーションの不味さはこれで終わらなかった。２０１４年９月の「本当の下限到達」宣言から1年３カ月後となる２０１５年12月、ＥＣＢはやはり利下げに踏み切り、その後も２０１６年３月、２０１９年９月と本章執筆時点までに合計4回のマイナス金利深掘りに踏み切っている。こうした度重なる下限到達宣言を巡る失態は、マイナス金利政策がECBにとっても手探りの政策だったことを窺わせる。

第3節　各種防衛策の評価と今後の展望

(1)　各種防衛策の評価

その後の雛型になった各種防衛策

２０１０年以降、ヨーロッパ債務危機が深刻さを極める中、ECBや欧州委員会を行政府とするEUにはこれに対抗するツールが何もなかった。２０１０年5月にギリシャへの金融支援が決まった際は、同国に対しての二国間融資（＋IMF融資）という形式で支援が行われていた。ECBないしEUとして困窮している仲間（加盟国）をどう救うのかという問いに対し、明確な答え（ツール）を持っていなかったのである。その意味でヨーロッパ債務危機を巡る緊張がピークに達していた２０１1年11月に就任し、数々のツールを巧妙なコミュニケーションと共に繰り出し、不安を鎮静化させることに奔走したドラギ元ECB総裁の下でのECBは文字通りユーロの守護神だったと言える。それまでのユーロはどこか「理想」に引っ張られ脆い印象がぬぐえなかったが（だからこそあれほど初動が遅れた）、ドラギ体制を経て厳しい「現実」を体感し、一皮剥けたように感じられる。冒頭で筆者はそれを「ＥＣＢ１・０」から「ＥＣＢ２・０」への進化と形容した。

「ＥＣＢ２・０」は多様な流動性供給策を持ち、あらゆる有価証券を購入するスキームも備えるようになった。例えば、危機を鎮圧した36カ月物ＬＴＲＯはその後、ＴＬＴＲＯと名称を変え、本章執筆時点では第３弾（ＴＬＴＲＯ３）がラガルドＥＣＢ総裁の下で実行中である。36カ月物ＬＴＲＯなかりせば、その後に段階的進化を果たしてきたＴＬＴＲＯシリーズも存在しなかったはずだ。

ＴＬＴＲＯ３は最大で「預金ファシリティ金利（本章執筆時点で▲０・50％）＋▲50ベーシスポイント」、最低でも０・50％の金利減免が受けられる枠組みだ。言うなれば「申請すればお金が貰える」という仕様である。ＣＯＶＩＤ‐19に伴うショックを受けて塗炭の苦しみを味わっているユーロ圏の金融機関や企業に対して心強い枠組みとなっており、旺盛な需要を引きつけている。既述のとおり、ラガルドＥＣＢ総裁はほかにもマイナス金利付き資金供給としてパンデミック緊急長期流動性供給プログラム（ＰＥＬＴＲＯ）も導入しており、これもやはりマイナス金利付きの流動性供給であった。

こうした多様な流動性供給の雛型は明らかにドラギ元ＥＣＢ総裁の下でバズーカとも形容された36カ月物ＬＴＲＯである。貸出実績との連動を企図して導入されたＴＬＴＲＯは36カ月物ＬＴＲＯの資金が「実体経済に流れていない（国債購入などに転用されている）」との批判から生み出されたものだ。その後、マイナス金利導入とその深掘りによって金融システムへの副作用が懸念される中、一種の「ガス抜き」としてＴＬＴＲＯに「ご褒美」としてのマイナス金利を付与しようという流れになったのである。そして、コロナショックを受け、その「ご褒美」部分が拡大しているのが本章執筆時点の状況だ。「ユーロを守るＥＣＢ」という視点に立った場合、36カ月物ＬＴＲＯを起点とする流動性供給プログラムの変遷は欠かすことのできない歴史である。

ＡＰＰからＰＥＰＰへ

その後の雛型となったのは36カ月物ＬＴＲＯだけではない。資産購入策に関してはドラギ体制下で２０１５年3月から稼働している拡大資産購入プログラム（ＡＰＰ）が本章執筆時点でも運用されているし、これを叩き台として生まれた枠組みもある。前述のとおり、ＣＯＶＩＤ-19の感染拡大に伴う混乱に対して、ラガルドＥＣＢ総裁は新しい資産購入プログラムであるパンデミック緊急購入プログラム（ＰＥＰＰ）を作り上げている。これはＡＰＰの代わりではなく、それと並行して走る緊急プログラムという位置付けだ。既に解説したとおり、その規模は本章執筆時点で計１・35兆ユーロと極めて大きいものだが、その策定にあたってそれ以前の5年間にわたってＡＰＰを運営してきたノウハウが活きたはずである。

ＰＥＰＰに関してはその巨大な規模もさることながら、購入の時間軸に関して「２０２０年3月18日の決定から年内」という時間軸が与えられたことが印象的であった[7]。というのも、極端な話、月間で５０００億ユーロや８０００億ユーロといった購入も理屈上は可能という設計であり、その上で購入対象が広範な資産クラスに設定されたこともあって、あらゆる資産価格に政策効果が波及している。細かい点ではあるものの、ラガルド流の創意・工夫そして熱意が見て取れるポイントに感じられた。あくまで現時点の筆者の感想に過ぎないが、ＣＯＶＩＤ-19の終息と共に域内の経済・金融情勢も落ち着きを取り戻してくれば、ＰＥＰＰはドラギ体制でゲームチェンジャーとなった36カ月物ＬＴＲＯやＯＭＴのような意思決定として後世で評価されることになるのではないか。

一方、ＰＥＰＰは文字通り、ＣＯＶＩＤ-19が終息するまでの緊急的で一時的な枠組みという建付けであるが、本当にそうなるのかという目線も持っておきたい。得てして金融政策の世界ではありがちだが、なし崩し的に恒常的な政策手段として持ち越される可能性もある。それはドイツを筆頭とする健全国から大きな反意を買い、亀裂を生みかねない話だろう。もっとも、リーマン・ショックを凌駕すると言われる緊急事態において「では他に何ができたのか」を思えば、ラガルドＥＣＢ総裁を責めるのも適切ではない。

(2)　ＥＣＢを待ち受ける政策運営の新しい形

「金利」や「量」に迫る限界

リーマン・ショック後に非伝統的な対応を矢継ぎ早に迫られた各国の中央銀行は「次の一手」の選択肢が確実に失われ、２０２０年2月以降に本格化したコロナショックを経てとどめをさされた感がある。ＥＣＢもその例外ではない。

例えば政策金利。本章執筆時点でＥＣＢの政策金利（預金ファシリティ金利）は▲０・50％と先進国としては非常に深いマイナス金利を採用している。ＣＯＶＩＤ-19を受けた混乱に対しＡＰＰの拡大やＰＥＰＰの新設といった「量」の強化で対抗したのは、暗に「金利の引き下げはこれ以上難しい」という本音の裏返しだったようにも思われる。もちろん、ＥＣＢが公式にそのような主張を示すことはなく、むしろ２０２０年５月には効果を強調する論文[8]すら発表しているのだが、現実問題として元々収益性が劣化している金融システムにこれ以上の負荷をかけられないのは客観的に見ても明らかである。「金利」を調節するという伝統的なアプローチに限界が来ているのは先進各国に共通する論点だが、とりわけユーロ圏はその色合いが濃いように思われる（日本はかなり前からそうなっているが）。

では、伝統的な「金利」の調節が万策尽きたとして「量」、即ち資産購入プログラムは拡大の余地があるのか。結論から言うと、こちらも限界は近いように感じられる。本章執筆時点では緊急プログラムとしてのＰＥＰＰを主砲としつつ、従前のＡＰＰもその規模を拡大してショックに対抗しようとしている。しかし、ＥＣＢは単一通貨を司る中立的な国際機関だ。イタリアなど重債務国の国債に傾斜しなければ「量」を積み上げるのが難しくなっている資産購入プログラムを、一段と拡大するのは難しいように見受けられる。

また、現時点で考える必要はないが、恐らくＣＯＶＩＤ-19に伴うショックで膨らんだ特定国（端的にはイタリア）の国債保有については満期到来時にその国債に再投資するのではなく、保有比率が当初予定よりも低くなっている国の国債に再投資することで時間をかけながらリバランスを図ることになるのではないか。そのような地道な調整を続ければ、将来的には国債保有比率は当初予定していた資本金出資比率に着地できるだろう。しかし、それでも相応の時間を要するはずであり、将来的な出口まで考えると、「量」も天井に接近しているという感触は持った方がよさそうだ。

「第三の道」としてのマイナス金利付き資金供給

そこで浮上するのが「金利」や「量」といった定番のアプローチではない「第三の道」だ。この点、本章執筆時点のECBが資金供給時の仕様に創意工夫を凝らして政策効果を担保しようとしている姿勢に着目したい。例えば、前述したとおり、ラガルド体制ではパンデミック緊急長期流動性供給プログラム（PELTRO）の適用金利が「主要リファイナンスオペ金利（本章執筆時点ではゼロ％）＋▲25ベーシスポイント」とされ、貸出実績に応じて適用金利が決まるTLTRO3に至っては金利減免幅が最大で「預金ファシリティ金利（▲0・50％）＋▲50ベーシスポイント」とされている。PELTROは0・25％、TLTRO3は所定の実績を満たした金融機関が最大で1・00％の金利減免を受けられるという異例の枠組みである。貸出実績を積まなくても相応の金利減免が受けられることが保証されているという点に着目すべきという見方もあろう。

こうしたマイナス金利付き資金供給制度の充実から考えさせられるのは「政策金利とは何か」とい

うことだ。先に見たように、ＥＣＢの政策金利である主要リファイナンスオペ金利や預金ファシリティ金利は今や各種資金供給の適用金利を決定する際の基準に成り下がっている。もちろん、基準であることは非常に重要なことだ。しかし、近年のＥＣＢの政策議論では「政策金利をどう修正して資金供給するか」が小さくない部分を占め始めている兆候は興味深い。既述のとおり、ＴＬＴＲＯ３には最大で政策金利と同じ幅（▲50ベーシスポイント）の優遇金利が付けられている。これ以上の優遇を付けるには政策金利よりも大きな幅のマイナス金利を設定する必要がある。それが悪いという話にはならないが、政策金利が当該通貨圏における「基準」金利であることを思えば、体裁上の違和感はある。

結局、こうしたマイナス金利付き資金供給を「実質的な利下げ」と評価する向きはやはりある。「金利」でも「量」でもない「第三の道」を歩みつつ、「次の一手」に思索を巡らせることがラガルド体制の抱える課題の1つとなりそうである。

横やりが入った大事業

ＣＯＶＩＤ-19に伴うショックが本格化する２０２０年1月以前、ラガルドＥＣＢ総裁は今後のＥＣＢが歩むべき青写真を語る機会が多かった。これは２０２０年という年が、約17年ぶりに金融政策戦略の包括見直し作業にＥＣＢが着手する年であったためだ。[9] これまでの議論からも分かるように、中央銀行は絶え間なく変化する経済・金融情勢に応じて政策運営のあり方を変える組織である。よって、過去に定められた政策運営の目標や使命なども、時代に応じてファインチューニングが必要になる。こうした組織としての使命を再定義する作業が２０２０年のＥＣＢが着手した包括見直し作業であった。

具体的にラガルドＥＣＢ総裁は２０１９年11月の就任前から気候変動などの環境問題にも中央銀行はコミットしなければならないという意気込みを繰り返し見せていた。筆者は中央銀行が気候変動にまで関心を向けることについて懐疑的な立場だが、ラガルドＥＣＢ総裁の「らしさ」が出ている一面とも考えられ、それが政策運営にどのように反映されるかという興味深さも感じている。そのほか時勢にならってデジタルユーロ開発への意欲も強く見せている。本章執筆時点の情報によれば、ＥＣＢは２０２１年半ばをめどに、デジタルユーロ計画をスタートするかどうかを決定すると表明している。さながら「ＥＣＢ３・０」への脱皮を予感させる新鮮な論点を断続的に示しているのがラガルド体制の特徴と言える。

だが、ＣＯＶＩＤ-19の感染拡大によってヨーロッパに限らず世界の風景は一変している。２０２０年中と言われていた見直し作業は頓挫し、２０２１年半ばにずれ込むことが既に決まっている。もちろん、ずれ込むことが決まっただけであり、ラガルドＥＣＢ総裁の「らしさ」がこれで消失するわけではない。しかし、当面は危機対応に追われ、ラガルドＥＣＢ総裁の理想が形になるのは当分先になりそうである。ＥＣＢの将来像とも言える「新たな金融政策戦略」は一体どのようなものになるのか。ＥＣＢウォッチャーとして、これを心待ちにし、また、ＣＯＶＩＤ-19の１日も早い終息を祈りながら、今回は筆を置きたいと思う。

（唐鎌大輔）

[注]

1 Reuter, "Stark resignation limits Draghi's room on bond buys", September 10 2011
2 Speech by Mario Draghi, President of the European Central Bank at the Global Investment Conference in London 26 July 2012
3 ECB, "Introductory statement to the press conference (with Q&A), Mario Draghi, President of the ECB, Vítor Constâncio, Vice-President of the ECB, Frankfurt am Main, 6 June 2013"
4 ECB, "Introductory statement to the press conference (with Q&A), Christine Lagarde, President of the ECB, Luis de Guindos, Vice-President of the ECB, Frankfurt am Main, 30 April 2020"
5 「issue or issuer limit」として知られる。銘柄毎にみて発行残高の33%の制約が「issue limit」、発行体毎にみて発行残高の33%の制約が「issuer limit」である。PEPP導入時点では一部の国債に関し、この制約が限界にきていた。
6 Financial Times, "Christine Lagarde's learning curve: ECB boss on 'brutal' coronavirus crisis" July 8 2020
7 その後、２０２０年6月4日の政策理事会で「２０２１年6月末まで」に延長されている。
8 ECB, "Negative rates and the transmission of monetary policy", 13 May 2020
9 ECB "ECB launches review of its monetary policy strategy" 23 January 2020

第4章　ブレグジット・ショックにユーロは耐えられるのか？

はじめに

２０２０年１月31日にイギリスは欧州連合（ＥＵ）を離脱した。本章では、イギリスのＥＵ離脱（ブレグジット）がＥＵおよびユーロ圏に及ぼす影響を考察する。第１節では、ブレグジットが実現するまでの経緯について簡単に振り返り、ブレグジット後の英・ＥＵ関係の変化を確認する。第２節では、イギリスがＥＵに対して果たしてきた役割について考察する。第３節では、ブレグジットが欧州の国際金融センターであるロンドンに与える影響、第４節ではまとめとして、ブレグジットがＥＵおよびユーロ圏に与える影響について経済、金融の両面から考察する。

第1節　ブレグジットの経緯と離脱後の英・EU関係

国民投票から3年4カ月、ジョンソン首相の下でイギリスはEUを離脱

ブレグジットが現実味のある話として語られるようになったのは、デイビット・キャメロン英首相（保守党、当時）が2013年1月にロンドンのブルームバーグ社で行った演説以降であろう。キャメロン首相は、2015年の次回総選挙で保守党が勝利し、単独政権となった場合、ブレグジットの是非を問う国民投票を行う旨を表明したのである。キャメロン首相自身は離脱に反対であり、この決定は、党内のEU懐疑的な勢力を抑えるための政治的なデモンストレーションであった。

保守党が「2017年までにイギリスのEU離脱を問う国民投票を実施」という公約を掲げて行われた2015年の総選挙は、保守党と労働党の支持率が拮抗し、事前の世論調査ではどの党も過半議席は取れない「宙づり国会（ハング・パーラメント）」になるとの見方が主流だった。しかしふたを開けてみると予想外に保守党は議席数を伸ばし、単独過半議席を取り勝利した。キャメロン政権は2期目に突入し、公約であった国民投票の実施に突き進むこととなった。

2016年6月23日の国民投票実施が決まると、保守党はEU離脱派とEU残留派の真っ二つに分かれ、激しいキャンペーンが行われた。保守党離脱派のリーダーは、ボリス・ジョンソン議員（現首

相）であり、同氏は「Take back control（支配を取り戻せ）」のスローガンを掲げてＥＵ移民の流入やＥＵ予算への拠出などに反対する国民感情をうまく利用した。

これに対してキャメロン首相を中心とする保守党残留派は、ロンドンの経済界を味方につけ、反対キャンペーンを展開した。ＥＵの単一市場からイギリスが離脱することにより英・ＥＵ間の「ヒト、モノ、カネ、サービス」の流れが遮断され、経済が大打撃を受け、離脱するメリットは何もない、と主張したのである。

国民投票キャンペーンは、離脱派と残留派の支持率が僅差のまま投票日を迎えた。６月23日午後10時より開始された開票の結果が明らかになるにつれ離脱派の優勢が明白となり、最終的には52％対48％で離脱が選択されたことが明らかになった。結果を受けて即日キャメロン首相は辞意を表明し、後任にはテリーザ・メイ内相が就任した。同氏は残留派であったが「Brexit means Brexit（離脱は離脱）」と述べて、国民の意思を尊重し、離脱を実現していく姿勢を明確に示した。イギリスは、２０１７年３月にＥＵ条約第50条に基づく離脱通告をＥＵに行い、離脱交渉を正式に開始した。

交渉は、離脱を巡る清算金、相互市民の地位保全、アイルランド島の国境問題を中心に行われたが、難航した。最終的に協定締結の大きな障害となったのは、アイルランド島の国境問題であった。イギリスがＥＵから離脱する以上、英領北部アイルランドとアイルランド共和国の国境に通関施設を設置する必要があるが、イギリスとＥＵはアイルランド和平維持の観点からアイルランド島内に「ハード・ボーダー（物理国境）」を設置しないことで合意していた。

イギリスとEUは、2018年11月に離脱協定に関する交渉官レベルでの合意にたどり着いた。しかし、離脱協定案に盛り込まれたアイルランド島の国境問題の解決案に関して、北部アイルランドの地域政党でイギリスとの統一を主張する民主統一党（DUP）が合意に強硬に反対した。このため、メイ政権は批准に必要な英議会の過半の支持を得られず、同政権による離脱協定交渉は行き詰まった。2019年6月にメイ首相は失意のうちに首相職を辞し、2019年7月24日に後任として離脱強硬派のジョンソン首相が就任した。

ジョンソン首相は、2019年10月31日までのEUから離脱を目指し、EUとの合意無きままの離脱も辞さない姿勢でEU側と交渉を進めた。しかし、合意なき離脱を阻止しようとする英下院議員が提出した法案が可決されたため、ジョンソン首相は2020年1月31日までの離脱期限の延期を余儀なくされた。状況を打開すべく、ジョンソン首相は2019年12月に解散総選挙を行う方針を発表、野党労働党もこれを支持した。ジョンソン首相は、「Get Brexit done（ブレグジットを実現させよう）」をスローガンに選挙戦を有利に進め、保守党は過半議席を大きく上回る勝利を収めた。

英・EU間の離脱協定を批准するには英下院議員の過半による承認が必要であり、懸案であった議会の支持を得ることに成功したことで、イギリス側の姿勢は明確になった。同時に、ジョンソン首相はEU側とも離脱協定の合意に土壇場で漕ぎつけたため、合意なき離脱は回避され、2020年1月31日にブレグジットが実現することとなった。

ブレグジット後の英・EU関係はどうなるか

イギリスはEUを離脱し、2020年2月1日よりイギリスは離脱後の移行期間に入った。2020年12月末までの移行期間の間、イギリスはEUを離脱しつつも引き続きEU法に従い、EU法の効力がなくなった後の準備を進めることとなった。移行期間を使ってイギリスとEUは自由貿易協定（FTA）を核とした新協定の締結を目指して交渉を続けている。

移行期間が終了した後にはイギリスはEU法の支配から離れ、EU単一市場から離脱する。EU単一市場からの離脱は、イギリスがEUとの間で「ヒト、モノ、カネ、サービス」の4つの自由移動を行えなくなることを意味する。

イギリスとEUは、ブレグジットがもたらす悪影響の緩和を目指して、FTAを核とした新協定の締結に向けた交渉を開始した。しかし、イギリスとEUが新協定を締結したとしても、英・EU間の財やサービス、人の動きには何らかの摩擦が生じ、両者が得られる便益は、イギリスがEU単一市場にいた時よりも小さくなる。

人の自由移動については、従来のようにEU市民やイギリス国民がパスポートを持たずに自由に往来し、職を得たり、居住したりすることは出来なくなる。EU移民の流入を制限することは、ブレグジットの国民投票でも大きな争点となった。イギリスはビザ発給に際して年収や学歴などを基準とするポイント制を導入し、EUからの移民数を従来よりも抑制する見込みである。

財についていえば、英・EUの新協定交渉が妥結に至り、関税が撤廃されたとしても、英・EU間には通関手続きが発生し、離脱前のような自由移動は確保されない。英・ＥＵ間で輸出入される財が、関税率軽減の適用を受ける際に必要な原産地規則などのルールを満たしているのか、といった審査が必要になるからである。

サービス取引では、特に金融サービス取引への影響が重要である。現在、ＥＵの単一営業免許である「パスポート」を持つ在英の金融機関は、ＥＵのどの国に対しても金融サービスを越境で提供することが出来る。しかし、ブレグジット後にはイギリスで取得したパスポートは使えなくなる。イギリスでパスポートを取得した在英金融機関がＥＵ各国の企業に対して引き続き金融サービスを提供するためには、他のＥＵ諸国に拠点を作りパスポートを取得し直す必要がある。この問題については、第４節で詳細に取り上げる。

第２節　イギリスがＥＵの中で果たしてきた役割について

経済面：イギリスは財の輸出先、金融ビジネスサービスの供給元

第２節では、イギリスがＥＵに対して果たしてきた役割について、経済、金融の両面から考察する。まず、経済面について、イギリスは、財の輸出先市場、金融およびビジネス関連サービスの供給元、ＥＵ域内のサプライチェーンにおける拠点という３つの点で、ＥＵにとり重要である。

図表１　EUの財輸出シェアとサービス輸入シェア

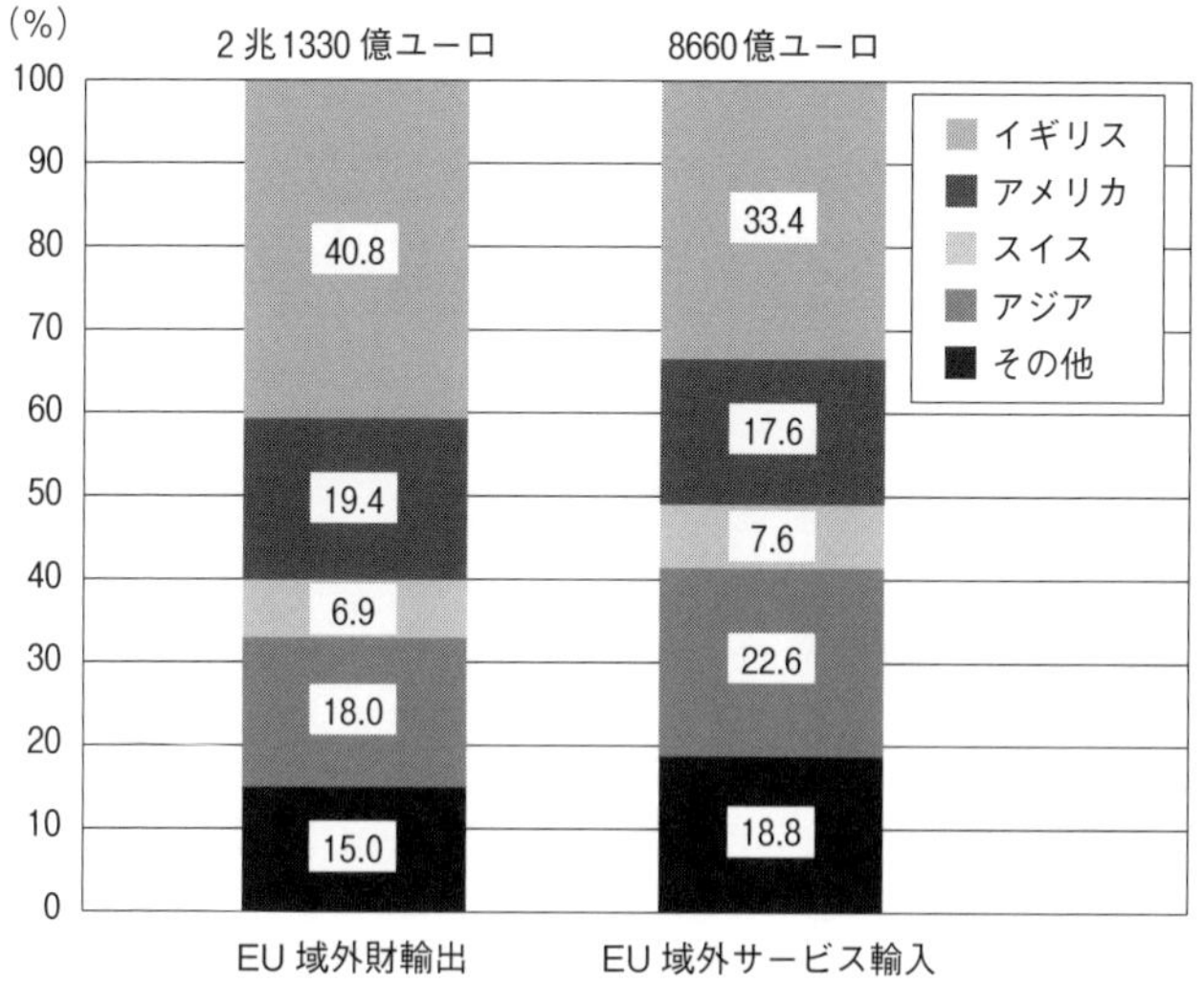

（注）財輸出は2019年、サービス輸入は2018年。EU27カ国域外輸出。アジア向け財輸出については金額上位10カ国のみ。
（出所）Eurostatより、筆者作成。

第1に、イギリスはＥＵにとり財の輸出先市場という点で重要である。２０１９年のＥＵ27カ国の域外輸出額に占めるイギリス向け輸出のシェアは15・０％であり、国別ではアメリカ（18・０％）に次ぐ大きさとなっている（図表1）。輸出品目としては、自動車など機械および輸送用機器のシェアが40・４％と最大であり、このうち17・２％が自動車輸出である。国別ではドイツのイギリス向け輸出が最大であり、２０１９年のＥＵ27カ国の対英輸出額の24・７％がドイツからの輸出である。

ただし、ＥＵのイギリス向け輸出シェアを時系列にみると、１９８８年の約25％をピークとして低下し、特に

２０００年以降には低下ペースが加速した。背景には、中国向けを含むＥＵの域外輸出額が増加した点が挙げられる。金額ではＥＵのイギリス向け輸出額は増加しており、中国などアジア向け輸出が急増した結果、相対的な輸出先としてのイギリスの重要度が低下している。

第２に、イギリスはＥＵにとり、金融およびビジネスサービスの供給元となっている。２０１８年のＥＵ27カ国の域外サービス輸入額に占めるイギリスからの輸入のシェアは18・８％であり、財輸出同様に国別ではアメリカ（22・６％）に次ぐ大きさとなっている。イギリス国立統計局のデータから２０１９年のイギリス向けサービス輸入の内訳をみると、法務サービスを含むその他ビジネスサービスのシェアが30・５％と最も大きく、次いで金融サービスが20・３％、旅行サービスが14・１％となっている。

第３に、ＥＵ域内のサプライチェーンにイギリスは深く組み込まれている。２０１５年のイギリスの付加価値輸出額に占めるＥＵ27カ国への中間財輸出シェアは28・３％である。同年のイギリスの付加価値輸入額に占めるＥＵ27カ国からの中間財の輸入シェアは23・１％となっており、ともに高い。典型例は自動車産業だろう。英自動車工業会（ＳＭＭＴ）によれば、２０１９年にイギリスで製造された完成車の69・２％、自動車部品の54・８％がＥＵに輸出されている。また輸入車の80・０％、自動車部品の69・０％がＥＵからの輸入である。なお、雇用についても、イギリスで自動車産業雇用者の少なくとも10・０％はＥＵからの雇用であるとされる。

ＯＥＣＤが発表しているグローバル・バリューチェーンの前方参加度（自国の輸出財・サービスの

図表２　イギリスの対ユーロ圏輸出における前方参加度

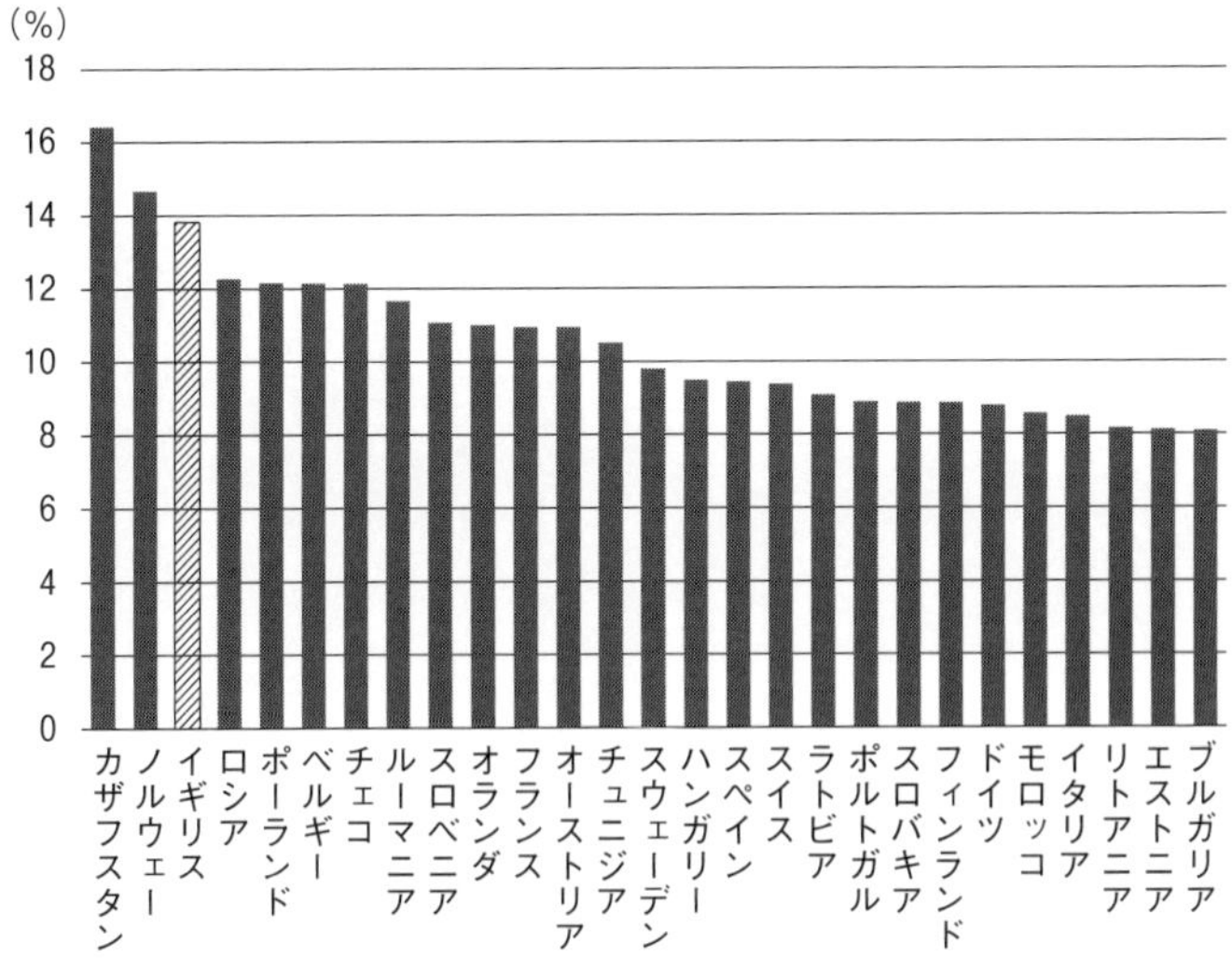

（注）「グローバル・バリュー・チェーンの前方参加度（Forward participation in GVCs)」とは、自国の輸出財・サービスのうち他国の輸出財・サービスの生産に中間投入として使われている財・サービスの比率。
（出所）OECDより、筆者作成。

うち他国の輸出財・サービスの生産に中間投入として使われている財・サービスの比率）をみても、２０１５年のイギリスの対ＥＵ輸出の前方参加度は13・７％と欧州主要国よりも高いだけでなく、10年前（11・８％）より上昇しており、イギリスはユーロ圏のバリューチェーンに深く組み込まれていることが分かる（図表２）。

金融面：イギリスは世界の資金とＥＵをつなぐ役割を担う

金融面でイギリスがＥＵに対して果たしてきた役割としては、第１に、世界の資金とＥＵをつなぐ国際資金フローの結節点となってきたことが挙げられる。第2に、デリバティブ決済の中心地として重要な役割を演じてきたことが挙げられる。

第1に、イギリスは欧州における国際金融センターとして、世界の資金とEUをつなぐ国際資金フローの結節点となってきた。イングランド銀行が発表している在英金融機関の資産・負債残高統計によれば、2020年6月時点での在英金融機関の負債は、預金を中心に約8・8兆ポンドある。通貨別にみると英ポンド建てが48・7%、ユーロ建てが18・4%、ドルを含むその他外貨建てが32・9%となっており、外貨建てのシェアが大きい。国籍別には、英銀が52・0%、在英米銀が15・3%、在英欧銀が14・4%の負債シェアを占める。

資産に目を向けても、在英金融機関が保有する資産は、ドルやユーロなど外貨建て資産が多い。2020年6月時点で、在英金融機関の保有資産約8・8兆ポンドのうち米ドルを含む非居住者向け外貨建て貸出は2・1兆ポンドとなり、資産全体の24・0%にあたる。このうちユーロ建て貸出は8・9%であり、大陸欧州で事業を行う企業向けのローンが含まれる可能性がある。

この点、Sapir et al. (2017) は、在英銀行が保有する資産総額の17%に相当する約1・8兆ユーロがEU顧客向け資産と推計している。また、ECB (2020) は、ユーロ圏に移転する可能性がある金融機関は、総額で1・6兆ユーロの資産をユーロ圏各国に分散させる計画であると分析している。

在英居住者が保有する対外資産と非居住者が保有するイギリス内資産の残高を示した国際投資ポジションをみても、アメリカとEUの間で活発な資金のやり取りがイギリスを経由して行われてきたことが分かる。

２０１９年のイギリスの対外資産残高は11・４兆ポンドとなった。２０１９年の名目ＧＤＰの４・６倍の水準であり、アメリカ（１・４倍）、ドイツ（２・４倍）、日本（１・７倍）など他国との比較でも高水準である。イギリスの資産残高は、２００５年と比較して約１・４倍に増加している。イギリス国立統計局のデータから、２０１８年時点のイギリスの対外資産残高（11・０兆ポンド）の国別内訳を見ると、対米資産が３・３兆ポンドと最大である（シェアは29・９％）。フランス（同10・２％）や、ドイツ（同６・８％）が続くが、ＥＵ全体の金額では４・２兆ポンド（同38・２％）となりアメリカを抜く。なお、対アジア資産のシェアは12・１％となり、日本が最大の投資先である。

２０１９年の対外負債残高、すなわち非居住者のイギリス向け投資残高は12・０兆ポンドとなった。対外資産と同様にイギリス国立統計局の２０１８年のデータから国別の内訳をみると、11・２兆ポンドの負債総額のうち、対米負債が３・１兆ポンドと最大である（シェアは27・５％）。ＥＵ向け負債残高は４・６兆（同41・２％）となり、ＥＵ向け資産（４・２兆ポンド、比率は37・４％）よりも金額が大きいことから、イギリスはより多くの資産をＥＵより受け入れ、アメリカを中心にグローバルに運用しているとみられる。

第２に、イギリスは、ユーロ建てデリバティブ決済の中心地としての役割を果たしてきた。現在、ユーロ建ての金利デリバティブ取引の約85・７％、ドル建て金利デリバティブ取引の32・８％がイギリスに集中しているとされ（BIS（2019））、ロンドンにある中央清算機関（ＣＣＰ）であるLCH Ltd

がその中心となっている。LCH Ltd におけるデリバティブ取引額を通貨別にみると最大は米ドルで約35％、ユーロ建て取引は約25％を占めている（２０２０年８月）。

ＥＵはブレグジット後を見据えて欧州市場インフラ規則（ＥＭＩＲ）を改定し、第三国のＣＣＰに対する規制を強化している（ＥＭＩＲ２・２）。LCH Ltd を念頭に置いた規制である。ＥＭＩＲ２・２のポイントは、第三国のＣＣＰに関してシステム上重要なＣＣＰとそれ以外のＣＣＰを分類したことだ。Tier2と呼ばれるシステム上重要なＣＣＰグループに関しては、欧州証券市場監督局（ＥＳＭＡ）が直接監督する。さらに、ＥＳＭＡが必要と認めた場合には、ＥＵ域内への移転を求めることもできる。ＥＭＩＲ２・２は２０１７年６月に欧州委より法案が発表され、２０１９年３月には欧州議会、欧州理事会、欧州委員会の間で合意が成立し、２０２０年１月１日に発効した。

大陸欧州にあるＣＣＰで、ドイツ証券取引所グループが運営する Eurex Clearing AG では、２０１８年以降に金利デリバティブ取引の想定元本額は急増している。一部の市場参加者がユーロ取引のユーロ圏内への移転に備えて Eurex Clearing AG の使用を始めているとみられる。いまのところは、Eurex Clearing AG におけるユーロ建て金利デリバティブの想定元本額は、LCH Ltd におけるユーロ建て金利デリバティブの想定元本額の約２割に過ぎないが、徐々にプレゼンスは上がっている。

第3節　ブレグジットで国際金融センター・ロンドンの地位はどうなるのか

第3節では少し目線を変え、なぜロンドンがヨーロッパにおける国際金融センターとしての地位を獲得できたのか、またその地位はブレグジットにより揺らぎ、パリやフランクフルトといった他の金融センターとの地位逆転に繋がるのか、という2点を検証する。

ロンドンとパリ・フランクフルトの違い

英Z/Yenグループが2020年9月に発表した世界金融センター指数（第28回調査、GFCI28）において、ロンドンはニューヨークに次ぐ第2位を獲得した。しかし、ロンドンのGFCIはブレグジット国民投票前の2016年3月調査（GFCI19）をピークとして低下に転じており、Z/Yenはブレグジットが関係している可能性を指摘している。2016年3月のGFCIとの比較では、フランクフルト、パリ、アムステルダム、ダブリンといったユーロ圏内にある他の欧州金融センターのGFCIが上昇し、ロンドンの低下もあって差を急速に縮めている（図表3）。

Batsaikhan et al.（2017）は、ヨーロッパの主要金融センターに関して各都市の人口や、金融および法務・税務コンサルティングなど専門ビジネスサービスの粗付加価値の比較等を行っている。本章では、この分析を基に、直近のデータを用いてヨーロッパの主要3金融センター（ロンドン、パリ、フランクフルト）の関連指標の比較を行った（図表3）。他都市と比較した場合のロンドンの強みは、主に以下の3点である。

第1は、金融や専門ビジネスサービスについて、都市への雇用集積が進んでいるという点である。金融だけでなく関連ビジネスサービスもロンドンへの集積が進むことで豊富な専門人材プールが生まれた。イギリスでは金融サービス雇用の30・6％、関連専門サービス雇用の36・4％がロンドンに集中している。金融およびその周辺の専門ビジネスサービスが一カ所に集中することにより、より集塊の利益が生まれやすい。こうした傾向はフランスも似ているが、ドイツはより分散されている。

第2は、クロスボーダーでのサービス輸出金額が大きく、積極的な国外とのやり取りが行われている点である。前節でも言及したとおり、イギリスは世界の資金とEUをつなぐ国際資金フローの結節点となっている。他方で、フランスやドイツなどでは金融サービスや関連専門サービスのサービス収支の絶対額は相対的に小さい。

第3は、外国為替などの金融取引が集中している点である。国際決済銀行が3年に一度行っている外国為替およびデリバティブに関する中央銀行サーベイによれば、2019年4月に世界で行われたドル取引の43・5％、ユーロ取引の47・9％がイギリスで行われており、フランスやドイツとは桁違いの集積である。特筆すべき点は、主要通貨だけでなく、人民元やロシア・ルーブルといった新興国通貨についてもイギリスは相応の取引シェアを得ている点である。店頭金利デリバティブについても、ユーロ建ての金利デリバティブについては、イギリスのシェアが突出している。前述のとおり

図表3　ロンドンと他都市の比較

		単位	時点	イギリス(ロンドン)	フランス(パリ)	ドイツ(フランクフルト)	アメリカ(ニューヨーク)
国際金融センター指数(GFCI)	GFCI28	Pt	2020/9	766(2位)	713(18位)	715(16位)	770(1位)
	GFCI19	Pt	2016/3	800(1位)	667(32位)	689(18位)	792(2位)
金融サービス(※1)	雇用者(全国)	千人	2019	1,276	916	1,246	7,464
	雇用者(各都市)(※2)	千人	2019	390	340	168	354
	各都市への雇用集中度	%	2019	30.6	37.2	13.5	4.7
	粗付加価値(GDP比)	%	2019	5.9	3.6	3.5	7.6
	サービス収支(※3)	10億ドル	2018/2019	55.7	4.1	11.9	95.3
専門サービス(※4)	雇用者(全国)	千人	2019	4,085	2,722	4,451	19,606
	雇用者(各都市)(※2)	千人	2019	1,486	770	386	803
	各都市への雇用集中度	%	2019	36.4	28.3	8.7	4.1
	粗付加価値(GDP比)	%	2019	11.9	12.6	10.3	12.6
	サービス収支(※5)	10億ドル	2018/2019	41.1	8.6	-0.4	75.9
為替市場	FX(ドル)	シェア、%	2019	43.5	1.8	1.2	16.5
	FX(ユーロ)	シェア、%	2019	47.9	3.7	3.3	18.2
	FX(人民元)	シェア、%	2019	15.7	0.5	0.2	8.3
	FX(ルーブル)	シェア、%	2019	35.5	0.8	1.3	11.8
デリバ市場	OTC金利デリバ(ユーロ)	シェア、%	2019	85.7	4.7	1.7	3.8
	OTC金利デリバ(ドル)	シェア、%	2019	32.8	0.5	0.4	59.8

(注) ※1　金融保険サービス。英SIC、EUNACErev.2における産業区分K。

※2　イギリス・ロンドンは職業数ベース。独・フランクフルトの雇用者数はヘッセン州、フランス・パリはイル・ド・フランス地区。

※3　米英は2019年、独仏は2018年。金融サービスのサービス収支。

※4　金融サービス、研究開発、専門、マネージメントコンサルティング、技術・取引関連その他ビジネスサービス。

※5　米英は2019年、独仏は2018年。研究開発、専門、マネージメントコンサルティング、技術・取引関連その他ビジネスサービスのサービス収支。

(出所) Z/Yen、BEA、BIS、BLS、Eurostat、OECD、ONS、NYC労働局より、筆者作成。

LCH Ltdなどの中央清算機関を有するためとみられる。

200年の歴史の中でロンドンが積み上げてきた強みとは

ここまで述べてきたイギリスの特徴は、国際金融センター・ロンドンが有している強みと言えるが、それらは一朝一夕に出来上がったものではない。以下ではロンドンが現在の地位を築くに至った歴史的経緯を確認する。

米ハーバード大学のマイケル・ポーター教授は、産業クラスターの定義を「特定分野における関連企業、専門性の高いサプライヤー、サービス提供者、関連産業の企業、関連機関（大学、規格団体、業界団体など）が競争しつつ同時に協力もしているような、地理的集中状態」とした（Porter(1998)）。ロンドンは以下に述べる200年超の歴史を通じて、金融産業のクラスターとしての要件を積み上げてきた。パリやフランクフルトが地位を逆転させるのは容易ではない。

ロンドンの国際金融センターとしての発展は、18世紀後半に始まった。それまで国際金融センターと見なされていたのは、オランダのアムステルダムであったが、産業革命と共にロンドンは商業の中心地として栄えた。Cassis（2006）によれば、最終的に国際金融センターとしての地位をロンドンがアムステルダムから奪うきっかけとなったのは、戦争であった。1792年～1802年のフランス革命戦争、1803年～1815年のナポレオン戦争といった大規模な戦争を通じてオランダの国力は衰えた。

イギリスは、ビクトリア朝時代（1837年～1901年）に入り「日が沈まぬ帝国」という名に象徴されるような繁栄を謳歌し、ロンドンは、帝国の首都として、世界の商流が集まる中心地となった。しかし、20世紀に起きた2つの世界大戦は、イギリスの国力を疲弊させた。国力の低下とともにロンドンは衰退し、基軸通貨としての地位も米ドルに移った。

第2次大戦後、ロンドンが復活するきっかけとなったのは、1960年代のユーロダラー市場の拡大であった。この時期のロンドンの復活に関して重要な点は、国の発展とは切り離された形で、ロンドンが国際金融センターとして復活を始めたという点である。アメリカの規制強化に伴い国外に米ドルが流出し、アメリカの銀行や証券業者がヨーロッパで支店の数と規模を増大させた。金井（2014）は、ロンドンがユーロダラー市場の中心となった理由として、国際金融センターとして伝統的に備えていた能力、すなわち内外金融機関や周辺産業の集積、新しい事態に対応する柔軟さを挙げている。

1980年代における重要な変化は、グローバル化の進展である。グローバル化が進むことで国際資金フローのヨーロッパにおける結節点として、ロンドンの重要性は高まった。グローバル化により世界経済の一体性が強まり、その中でロンドンなど世界都市を新たに定義づけようとする動きが進んだ。社会学者で都市研究の第一人者であるサスキア・サッセン教授は、「グローバル・シティ（Global City）」の概念を提案した。

グローバル・シティ・モデルで提唱された仮説は、以下のとおりである。まず、グローバル化によって生じた経済活動の地理的分散の結果、グローバル企業にとり企業内のネットワークを管理・運営・調整する中心部の諸機能が複雑となり過ぎる。この結果、金融、会計、法律、広報といった生産者サービスは外部委託される。複雑なサービスを提供する金融や専門サービス業は、結果として特定の空間に集中し、グローバル・シティを形成し、集塊の利益が生まれる（Sassen（1991））。

グローバル化は、通常、分散化を意味するが、国際金融センターとしてロンドンには金融サービスおよび周辺産業の集中が起こった。欧州においてグローバル・シティを最も形成し易かったのは、すでに金融業や関連サービス業で集積が進み、60年代に復活しつつあったロンドンであった。

ロンドンの国際金融センターとしての地位を不動のものとしたのは、1980年代にサッチャー政権下で行われた金融市場改革である「ビッグ・バン」であった。1980年代に入った後もイギリスの証券取引市場は依然として外部に閉鎖的で、非効率、高コスト体制が残ったままであったため、外国証券取引手数料の自由化を皮切りに、取引所会員企業に対する外部資本参加制限の緩和など、規制緩和措置が取られた。法制面では、「1986年金融サービス法」が成立した（施行は1988年）。技術進歩や金融規制、税制といったビジネス環境の充実が、国際金融センターを形成する要因となった。

1990年代にはユーロが登場する。1992年のマーストリヒト条約の調印により、1999年から共通通貨ユーロが導入されることが決まった。イギリスはユーロ導入を見送ったことから、ユーロ導入後は欧州中央銀行（ECB）の所在地となったドイツのフランクフルトが、ヨーロッパにおける国際金融センターとして発展し、ロンドンの地位が低下するのではないかとの懸念が持ち上がった。

しかし、実際にユーロが導入されて以降、こうした懸念は杞憂に終わり、むしろ2000年代前半を通じてロンドンの国際金融センターとしての存在感は高まった。ユーロ導入後、ヨーロッパにおける金融取引はロンドンに集中し、「ワンストップ・ショップ」としてのロンドンの重要性はむしろ高まったからである（吉田（2016））。

2000年代は世界の経常収支不均衡（グローバル・インバランス）が拡大した。アメリカでは巨額の経常赤字が発生し、それを中東マネーや中国など経常黒字国の資金が埋め合わせたため、国際資金フローは急増した。ヨーロッパ域内でもドイツの経常黒字と南欧諸国の経常赤字が同時に拡大した。ロンドンは、アメリカ、ヨーロッパ、新興国間の国際資金フローをつなぐ結節点として重要性が高まった。

第4節　ブレグジット・ショックにユーロ圏は耐えられるのか

経済面：非関税障壁の発生に伴う貿易コストの上昇

本章のまとめとして、ブレグジットがEUおよびユーロ圏に及ぼす影響について、経済と金融の両面から考察する。

第2節で述べたとおり、イギリスとEUは、互いに輸出入が発生する重要な貿易相手国・地域というだけでなく、EU域内のサプライチェーンにも組み込まれているという点で経済的に深く結びついている。イギリスからみた対EUの貿易依存度の高さ（約5割）を勘案すれば、ブレグジットに伴う経済的な影響は、イギリス経済への影響の方がEU経済への影響よりも大きいとみられるが、EUにとってもイギリスは15％の財輸出シェアを有する重要な市場であり、ブレグジットの影響はやはり大きい。

EUのイギリス向け輸出に与える影響としては、非関税障壁が発生することの影響に注意すべきだ。ブレグジットが相互の輸出入に与える影響としては、一般に関税発生の影響と非関税障壁発生の影響に分かれる。このうち、関税が発生するかは英・EU間のFTA交渉次第である。イギリスとEUは財に関する関税撤廃を目指しており、FTA交渉が合意に至れば、関税については相互に撤廃となる公算が大きい。

他方、仮にFTAが英・EU間で合意に至った場合であっても、イギリスはEUの単一市場から離脱するため、英・EU間には非関税障壁が発生する。非関税障壁とは、例えば原産地規則の適用に伴う通関手続きの発生による取引コストの増加であったり、輸出入の数量割り当てに伴う数量制限の発生であったりする。

EU各国ごとに影響は異なる。ブレグジットによる悪影響を最も大きく受けるのは地理的に最も近

図表4　ブレグジットがEU各国の輸出入に与える影響

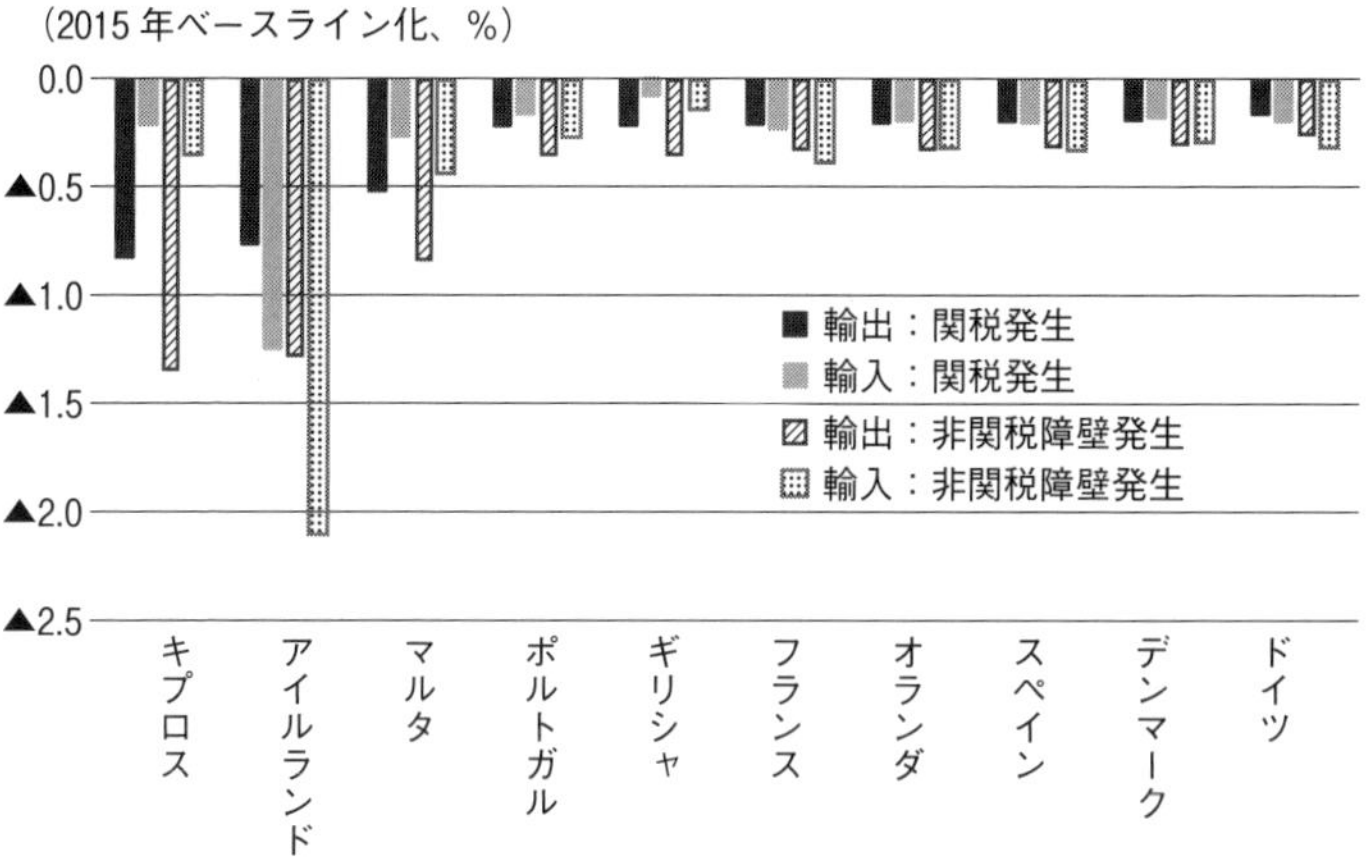

(注) 上位10カ国のみ。

(出所) Shepherd and Peters (2020), "Brexit Beyond Tariffs: The role of non-tariff measures and the impact on developing countries"Technical Appendix, Table4より、筆者作成。

いアイルランド共和国である。Shepherd and Peters (2020) は、ブレグジットが各国のGDPや輸出入に与える影響について、関税のみの影響と非関税障壁を併せた影響を推計し、非関税障壁発生がGDPや輸出入に与える影響の方が関税発生の影響よりも大きいという推計結果を得ている。例えばアイルランドでは、関税発生のみの影響では輸出がベースライン比で▲0・8%減少するのに対して、非関税障壁の発生により輸出が同▲1・3%減少するという推計結果となっている(図表4)。

ブレグジットによるサプライチェーンへの影響については、EU向けに製品を販売する製造業がイギリスから離脱していく可能性を否定はできない。英・EU間の貿易において非関税障壁が発生して取引コストが高まれば、イギリスのEU向け製造拠点としての魅力は低下するからだ。イギリスはサプライチェーンの拠点としての機能が弱まり、EU企業からは輸出先市場として主にとらえられることとなる。

２０１９年12月のイギリスとEUの離脱協定合意とFTA交渉の開始を受け、ブレグジットを原因とした製造業のイギリスからの離脱の動きは抑制されているように見える。例えば、独仏系の大手飛行機メーカーであるエアバス社のギヨーム・フォーリーCEOは、イギリスとEUの離脱協定の合意を受け、２０２０年1月にイギリスのフリントシャーにある工場の存続は「保証」されており、「潜在的に拡大の余地がある」と述べている（２０２０年1月9日付BBC）。イギリスとEUのFTA締結による関税撤廃の可能性が高まったことなどが、ひとまずは、経営判断に影響した可能性がある。

ただし、その動きは英・EU間のFTA交渉結果次第であり、規制の乖離など非関税障壁が多く残ったりすれば、製造業の離脱リスクに繋がる。例えば、離脱協定が無いままイギリスがEUを離脱するのではないかという、合意なき離脱の懸念が高まった２０１９年10月には、在英の主要製造業5業種（航空、自動車、化学、飲食品、医薬品）が共同で英政府に対してEUとの規制調和の継続を要望する書簡を送付した。英ファイナンシャル・タイムズ紙の報道によると、書簡の中では「規制の乖離は製造業の競争力の重大なリスクとなり、多大なコスト増と在英企業の混乱を生む」ことや、結果的に「イギリスにおける複雑な国際サプライチェーンの混乱を生み、食の安全や信頼、イギリス輸出企業の海外市場へのアクセス、将来の技術革新への投資に対する潜在的なリスクとなる」ことが述べられていたとされる。

製造業が抱える雇用の多さや、生産ラインの規模の大きさ、サプライチェーンの複雑さなどを考えると、自社がイギリスを離脱するかどうかの判断は容易ではない。イギリスとEUの間の新たな関係性が明確に定まったのちに、多方面からの評価を行い、最終的な意思決定をすることになろう。PwC（2017）は、ブレグジット後のサプライチェーンを再考するにあたって検討すべき分野として、①関税コスト、②通関手続き、③付加価値税コスト、④契約、雇用、知財等に関する法制、⑤サプライチェーンのハブとしての機能、⑥納品までのリードタイムの確保、⑦政府の給付金・インセンティブの有無等を挙げている。

金融面：「パスポート」から「同等性評価」へ

ブレグジットがEUに与える金融面での影響を考えるうえでは、域内の単一営業免許であるパスポート喪失の影響をどう考えるかが重要である。本項の結論を先に述べると、パスポート喪失の結果、在英金融機関は、現状EUに対して提供している金融サービスを同じように提供することは出来なくなり、イギリスに集中している金融サービス機能は一部ヨーロッパ他国に分散される可能性がある。その結果として、EUの金融システムはより非効率なものとなるリスクがある。

ブレグジットの移行期間が終了した後、在英金融機関はパスポートを喪失するが、代わりに「同等性評価」とよばれる金融サービスを越境で提供するための許認可をEUから得る見込みである。同等性評価は、第三国の当該規制がEU規制と同程度以上に厳しいものであると欧州委員会が判断すれば、第三国に対して与えられる。あくまで欧州委員会がどう判断するか次第で許認可が決まり、第三国は欧州委員会の決定に異議を挟めない。

同等性評価はすべての金融サービスで与えられるわけではない。同等性評価の仕組みがあるかどうかは金融サービスごとに定められたEU法によって異なっている。投資銀行業務に関連するMiFID/MIFIRや、中央清算機関に関する欧州市場インフラ規則（EMIR）等については同等性評価の仕組みがある。一方で、貸出や預金サービスなど銀行の中核業務に関するEU法である資本要求指令（CRD）や、決済サービスに関する決済サービス指令（PSD）、投資ファンドのクロスボーダー販売に関する規制であるUCITS指令には同等性評価を認める条項が含まれていない。

したがって、ブレグジットの金融面でのEUへの影響を考える場合、第1にイギリスが提供する金融サービスに関して同等性評価が存在するのか、第2に存在する場合にイギリスは同等性評価が得られるか、第3に得られた同等性評価は永続する保証があるのか、という3点を考えることが重要である。

第1の点について、イギリスが提供する金融サービスのうち、EUにとり依存度が高い投資銀行業務や中央清算機関に関連する金融サービスには、同等性評価が存在している（ECB（2020)、（図表5））。他方で、貸出や預金といった業務については同等性評価が存在しない。ECBの分析では、貸

図表5　EUの同等性評価と金融サービスのイギリスへの依存度

イギリスより提供されている金融サービス	現在のイギリスへの依存度	関連するEU法	同等性評価があるか
中央清算機能	高	EMIR	有
許認可された取引場所	高	MiFIR/MiFID、EMIR	有
投資サービス（自己勘定取引、引き受け、注文執行）	中	MiFIR/MiFID	有り（利用実績なし）
銀行業務（貸出、預金）	低	CRR/CRD4	無

（注）和訳は筆者。
（出所）ECB "Implications of Brexit for the EU financial landscape", TableA.1より、筆者作成。

出や預金業務は、在EU企業にとり在英金融機関の必要性は相対的に低い分野とされている。しかし、シンジケートローンなど越境でサービスを提供するような場合にはイギリスからのサービス提供は出来なくなるため、在英米銀など第三国の金融機関からすれば、イギリスから業務を移転させる一要因となる。

第2の点について、在英の金融機関はEUから同等性評価を得られるだろう。イギリスはEUの一員であった点を踏まえれば、EUはイギリスと同等の規制レベルを持つと判断される公算が大きい。但し、前述のとおり、同等性評価はEU側が許認可権を持つ一方的な仕組みであり、イギリスはEU規制が将来一方的に変更されてしまい、そのルールにイギリスが追随しなければならないような事態を懸念している模様だ。英ファイナンシャル・タイムズ紙の報道によれば、イギリスは「恒久的同等性評価」をEUに対して求めているとされるが、EUはこれを拒否している。イギリスとEUは、同等性評価の問題に関して2020年6月末までに何らかの結論を出す予定であったが、協議は難航している。

第3の点については、同等性評価が認められた場合でも、将来的にはく奪されるリスクがある。同等性評価の仕組みを有する金融サービスについて、ブレグジット直後であればイギリスは同等性評価を得られるだろう。しかし、将来的にEU法が修正された場合、イギリスがEU法の修正に従って自国法も修正しなければ、得られていた同等性評価がはく奪される可能性がある。無論、EU法の修正の議論にEUを離脱したイギリスは加わることが出来ない。イギリスが自国法を変えた場合でも同様であり、同等性評価を失う可能性がある。

貸出や預金業務がクロスボーダーで出来なくなることや、同等性評価を将来的に喪失してしまうリスクを踏まえ、在英米銀など第三国の金融機関は大陸ヨーロッパ各地で新たに拠点を拡充したり、設立したりしている。ECB（2020）が行った調査によれば、ロンドンに変わる新たな拠点としては、ドイツ（11社）、アイルランド共和国（6社）、フランス（4社）、ルクセンブルク（3社）、その他（2社）とされており、前述のとおり、全体で1・6兆ユーロの資産が移される予定である。

金融機関の「脱ロンドン」の動きは、産業集積のメリットが失われ、金融産業全体の非効率化につながる。PwC（2018）は、イギリスとEU27カ国の相互市場アクセスが分断化されるとの前提の下で、2030年における金融サービス業の粗付加価値へのインパクトを計算し、EU27カ国の粗付加価値額は、ベースライン対比0・29％低下すると推計している。リロケーションに伴い、移転先国には一定の粗付加価値へのプラスの寄与があるものの、追加的な資本コストの発生、流動性の低下、労働生産性の低下といった効率性の全体的な低下が、粗付加価値を押し下げる可能性があることを指摘している。

ブレグジットがEU全体の金融システムにどこまで影響を及ぼすかは、ブレグジット後にEU27カ国の金融システムや金融市場の統合がどこまで進むか、換言すれば、資本市場同盟（Capital Markets Union：CMU）や銀行同盟（Banking Union）がどこまで進むかによるとの指摘が多い。ブレグジットにより一定の金融システムの地理的な分散が起こると予想されるが、制度変更によって、地理的な分散がもたらし得る非効率をどこまでカバーできるのかにより、最終的なEUへの金融面での影響は異なると言えよう。

EUは、ブレグジットや最近ではCOVID-19の感染拡大を契機としてCMUの完成を急いでいる。欧州委員会の委託により2019年11月に立ち上げられた専門家で構成されるハイレベルフォーラムは、2020年6月にCMU構想の実現に向けた最終報告書である「ヨーロッパの資本市場の新たなビジョン」を発表した。

同報告書の中では、資本市場同盟の完成に向け、EU共通の企業データベースである「EU単一アクセスポイント」の策定や、クロスボーダーの債券発行を円滑化するための中央証券保管規則の制定など17の分野における政策提言を行った。さらに欧州委員会は、CMUの完成に向けた16の新たな行動計画を2020年9月に発表し、ブレグジットやコロナ危機を梃子にしてCMUの深化を進める姿勢を鮮明にした。

ＣＭＵと補完的な関係にあると言える銀行同盟についても進展が待たれる。銀行同盟を構成する３つの柱のうち、単一監督メカニズム（ＳＳＭ）と、単一破綻処理メカニズム（ＳＲＭ）については既に出来上がっているが、預金保険スキーム（ＥＤＩＳ）についてはドイツが債務の共通化に通じるとして慎重な姿勢を示してきたこともあり、実現が遅れてきた。しかし、ドイツも南欧諸国の不良債権処理の進展などを前提として、ＥＤＩＳを進めていくことに合意しており、完成に向けた進展が期待される。

（吉田健一郎）

[参考文献]

金井雄一（２０１４）『ポンドの譲位　ユーロダラーの発展とシティの復活』名古屋大学出版会。

吉田健一郎（２０１６）『Brexitショック　企業の選択』、日本経済新聞出版社。

Batsaikhan, U., R.Kalcik and D.Schoenmaker (2017), "Brexit and the European financial system: mapping markets, players and jobs", Policy Contribution Issue4, Bruegel, 2017

Bank for International Settlement (BIS) (2019), "Triennial Central Bank Survey of foreign exchange and OTC derivatives markets in 2019 "

Cassis, Youseff (2006), "Capitals of Capital: A History of International Financial Centres, 1780–2005", Cambridge University Press,

ECB (2020), "Implications of Brexit for the EU financial landscape", Published as part of Financial Integration and Structure in the Euro Area, ECB website

Shepherd and Peters (2020), "Brexit Beyond Tariffs: The role of non-tariff measures and the impact on developing countries", UNCTAD Research Paper No.42

Porter, E. Michael (1998), "On Competition", Harvard Business Review Book,（竹内弘高訳、２０１８、『新版　競争戦略論』ダイヤモンド社）

PwC (2017), "Supply Chain: Your Brexit Competitive Advantage"

—— (2018), "Impact of loss of mutual market access in financial services across the EU27 and UK"

Sapir, A., D. Schoenmaker and N.Veron (2017), "Making the Best of Brexit for the EU27 Financial System", Policy Brief Issue1, Bruegel.

Sassen, S. (1991), "The Global City New York, London, Tokyo", Princeton University Press, Princeton, NJ.（伊与谷登士翁監訳、大井由紀、高橋華生子訳、２００８、『グローバル・シティ　ニューヨーク・ロンドン・東京から世界を読む』筑摩書房）

第5章　国際通貨としてのユーロの可能性

――国際通貨ユーロは沈まないのか?

はじめに

貿易での契約や決済、そして海外資産への投資などに用いられる国際通貨の1つとして、ユーロが用いられている。ただし、国際通貨の中でもっともシェアの高い基軸通貨の地位に長年とどまっているのはアメリカのドルである。経済規模としてはアメリカとほぼ同じであるユーロ圏の通貨、ユーロは今後、ドルに匹敵する通貨になるであろうか。さらには、国際化が著しい人民元や、リブラなど暗号資産の国際的な利用といった国際送金や決済を巡っては、変化が著しい。本章では、そのような状況下でのユーロの今後の国際的な役割を考えていきたい。

第１節　ユーロの国際化とは何か

貿易決済や国際証券投資決済の必要性は、経済・ビジネスのグローバル化が拡大する中で、ますます高まっている。そのため、決済の必要が発生するたびに決済を行うＲＴＧＳ（即時グロス決済）技術などのフィンテック（金融技術）の進展や、暗号資産による国際送金も計画されている。ただし、決済する時の建値通貨、すなわち表示に利用する通貨は特定国のソブリン通貨が利用され続けている。第２次世界大戦後、米ドルが建値通貨で圧倒的なシェアを誇る基軸通貨の地位にあった。ただし、ブレトンウッズ体制とよばれるドルを中心とした固定相場制度が崩壊し変動相場制に移行してから基軸通貨の地位が揺らぐものと予想された。しかし、その予想を裏切り、米ドルは現在も基軸通貨の地位にある。もっともドルのみが国際決済に使われているわけではなく、ユーロ、日本円、英ポンド、そして近年では中国人民元も利用されている。さらには今後、リブラという暗号資産の発行もフェイスブックにより計画され、国際決済では様々な選択肢が登場しようとしている。

この章では、ユーロの国際的役割とその進展の可能性を探ることを目的としている。特に米ドルに対抗できる通貨として今後、期待できるのかどうかを理論的にも考察したい。従来、基軸通貨利用に関する理論として、ネットワーク外部性を用いたものが主流であった。これは、いったん基軸通貨の地位についた通貨は決済利用の点で、手数料の規模に関する逓減効果（利用される量が増加すればするほど、取引をマッチングさせる機会が増え、一件当たりの手数料を割安にできる効果）があるというネットワーク効果をもつため、１つの通貨が国際決済では支配的に利用される（ここでは基軸通貨の支配仮説と呼ぼう）。

しかし、主要国で変動相場制に移行して以来、国際決済におけるドルのシェアはシェアを低下して、ドイツ・マルク（ユーロ導入前）、円、そしてポンドなどのシェアが次第に高まり、ユーロ導入後は、ユーロも一定のシェアを維持している。すなわち、支配仮説が示唆したように、１つの通貨が独占的に国際決済で利用されるのではなく、１つの通貨のシェア比率は高いものの、いくつかの通貨が並存して国際決済に利用される状況が続いている（ここでは国際通貨の共存仮説と呼んでおこう）[1]。

歴史的には19世紀後半、国際金本位制の下では、英ポンドが支配的な基軸通貨であった。しかし、１９２０年代になって国際決済において米ドルの利用が伸張し、国際決済では複数通貨が利用されることとなった。また戦後、ブレトンウッズ体制ではドルが支配的な基軸通貨であったものの、変動相場制以降、いくつかの通貨が国際決済で利用されてきた。したがって支配仮説と並存仮説、それぞれが示唆する状況が交互に繰り返されているといえる。

１９９９年にユーロが導入されて以降、そのユーロの国際的な役割にも注目され、ドルに迫る、あるいは凌駕する基軸通貨へと発展する可能性が論じられてもいた。現状では、それほどの役割はないものの、将来、その可能性があるのかどうかは世界経済ならびにヨーロッパ経済にとっても重要な課題と考える。特に、ポストコロナの時代であり、また中国人民元の台頭や暗号資産の利用も高まろうとする中、ユーロの国際的な役割が期待されるのか、それとも地域的な共通通貨でとどまるのかを考えてみたい。

第２節　国際通貨の理論と機能

国際通貨としてのユーロの地位を考える準備として、この節では国際通貨あるいは基軸通貨の役割を説明しよう。基本的に国際決済では、金融機関同士で結ばれるコルレス契約という国際的な業務委託契約によって開設される決済性口座であるコルレス口座を用いた為替手形の仕組みが用いられる。ただし、多数国間での決済を、それぞれの国の通貨で行うのは、かなり煩雑で取引コストが高くなる。そのため、ある特定国の通貨を国際決済に利用することが便利となる。この特定国通貨を国際通貨と呼び、具体的には特定国通貨建てのコルレス口座である。さらに、国際通貨の中でも後述するすべての国際通貨の機能を持ち、結果として国際決済での通貨シェアが一番高い国際通貨を基軸通貨と呼ぶ。基軸通貨国の金融機関には、世界の金融機関のコルレス口座が開設され、さらに基軸通貨国以外の国々の間でも、それらのコルレス口座間での振込決済で国際決済が行われる。そのため基軸通貨国の金融機関、これをマネーセンターバンクとも呼ぶが、そこには巨額の資金が流出入し、その金融市場を活性化させている。したがって、基軸通貨とは、その国の通貨を用いた金融機関における国際的な集中決済を行うサービスともいえる。

国際通貨に選択される条件：信頼と流動性

ただし、集中決済する国の通貨と銀行をどのように国際ビジネスを展開する主体が選別するのかは重要な問題である。すなわち、国際通貨あるいは基軸通貨になるための条件とはどのようなものであろうか。ここでは特定国の通貨への国際的な信頼と、その利便性（あるいは国際的な流動性）が、他の国民通貨と比べて優位にあるのかが条件と考える。

国際通貨への信頼とは、(1)通貨価値が安定していることと、(2)その国の銀行システムが安全であることが必要である。(1)の理由として、対外的な通貨価値である為替レートの大きな変動があると取引契約を結ぶ時の不確実性が高くなり、その通貨を国際的に利用する動機が薄れるであろう。また(2)の理由として、コルレス口座を保有する銀行の経営に不安があれば、決済口座としてその銀行とコルレス契約を維持するのをためらうであろう。したがって、金融機関の経営に不安がない程度に金融市場が安定し、また為替レートが安定していることも必要となる。

また、(3)その通貨を利用するために利便性が高いことも必要である。海外の居住者がその通貨を利用する時に規制があれば使いたくても使えない。したがって、貿易決済や投資を行う際に政府による規制がないことが利便性を高める。さらに、規制がないもとでは金融市場を利用する時、すなわち預金や証券投資を行ったり、企業が資金調達を行ったりする時に、金融商品が豊富にあることも利便性を高めることになる。金融商品が豊富であるということは、それを開発する人材が揃っていることでもある。

さらに、⑷金融取引を行う時の情報通信や言語などのコミュニケーション手段が便利なことも必要である。これらの条件が世界的に優位な通貨発行国が国際通貨国に選ばれ、条件が最も優位な通貨が基軸通貨となる。また、複数の国際通貨が競争して並立しているよりも、基軸通貨に国際取引が集約される方が効率的になる。そのため、同じ取引シェアを持つ複数の国際通貨が並立するよりも、圧倒的な取引シェアをもつ基軸通貨が利用される。

国際通貨の機能

以上のように選択された国際通貨、基軸通貨の役割として、貨幣の３機能の応用より図表１に示される機能が挙げられる。まず貨幣は３つの機能として、計算単位、取引の媒介機能、そして経済的価値の貯蔵機能がある。国際（基軸）通貨の機能では、通常、まず使用主体を民間部門と公的部門に分け、国際通貨の機能を分類したのが図表１である。ここで公的部門には各国政府、中央銀行、国際機関が含まれる。

貨幣の計算単位にあたる民間部門での機能として、契約時の「契約通貨」、公的部門での機能として「公的契約通貨」と「平価表示通貨」がある。この後者の機能は、固定相場制を採用する際、どの

図表１　国際通貨の機能

	計算単位	支払手段	価値貯蔵
民間レベル	① 表示通貨	② 取引通貨 ⑦ 為替媒介通貨	③ 資産通貨
公的レベル	④ 基準通貨	⑤ 介入通貨	⑥ 準備通貨

（出所）Cohen（1971）を参考に、著者作成。

通貨に対して固定にするかを表示する機能である。貨幣の媒介機能にあたるのが民間部門では国際取引を媒介する支払い・決済通貨と銀行間市場である外国為替市場において通貨間の取引を媒介する為替媒介通貨、公的部門では公的取引通貨がある。さらに貨幣の価値貯蔵機能にあたるのが、民間部門では国際投資対象となる資産通貨、公的部門では準備通貨機能がある。準備通貨機能とは、各国政府が保有する外貨資産である外貨準備として選択される国際通貨機能である。また民間部門の企業による資金調達に用いられる国際通貨機能として、資金調達通貨が含まれることもある。

さらに、国際通貨の６つの機能は、互いに影響し合う協働効果（シナジーエフェクト）もみられる。すなわち、ある通貨が貿易契約通貨としての利用が高まれば、受け取ったその通貨を使って資産運用する機会が増える。すなわち、資産通貨として利用される可能性も高まる。また、民間部門での資産通貨機能が高まり市場で当該国通貨のシェアが高まれば、それを政府が外貨準備として保有することにも結びつく。

また、政府が自国通貨をある国の通貨に為替相場を固定させる固定相場制度を採用した例を取り上げてみよう。これは、現在ユーロを利用していないＥＵ加盟国が、ＥＲＭⅡというユーロに固定する為替相場制を採用している。ユーロ利用を適用除外としているデンマークは、ユーロ発足からＥＲＭⅡに参加しており、２０２０年７月にクロアチア、ブルガリアもＥＲＭⅡに参加しており、これら諸国の外貨準備の多くはユーロである。

いったん国際通貨として利用されると各機能が互いに効果を高めあうという協働効果を通じて各機能の利用が高まり、さらに利用規模が大きくなれば、その取引手数料も引き下げられる。それがまた、基軸通貨の利用を促すという、いわゆる「規模の経済」が働くことが基軸通貨の利用を長期化させている。さらに、慣性効果というある特定の通貨の利用が継続される効果もある。例えば米ドルが基軸通貨であるとしよう。そのためドルでの取引に慣れている企業は、ドルで貿易契約や、投資契約などを行い、ドル契約を基準として財務管理を行う内部システムを構築したり、長期的な投資や資金調達通貨としてドル管理にも慣れている。いったんドルでの利用を高めると、それに適応したシステムを構築するための費用を投じるので、ドル以外の通貨利用のためのシステム構築をためらう。したがって、いったん基軸通貨が利用されると、それが長期的に利用される。

さらに基軸通貨国は、国際公共財（Gourinchas et al. 2019）としての、保険機能を提供してきた。リスク許容度の非対称性、すなわち基軸通貨建ての預金という国際的な安全資産を供給する一方、その預金で集めた資金をよりリスクの高い国際的な資産を需要することで、リスク転換を行い、基軸通貨国以外に保険機能を提供してきた。特に世界的な金融危機が進行しているときには、資産の逃避先として、安全資産を供給してきた。このことも、基軸通貨国以外の国が、基軸通貨を利用する便益であり、逆に基軸通貨国はその地位を守るためには、安全資産となる預金やそれと同程度のリスクの国債を提供することが必要となる。

ユーロは基軸通貨を目ざすべきなのか？

では、ユーロの国際通貨としての役割を高めるべきなのだろうか。ドルに代わる基軸通貨をめざすべきなのだろうか。それを考えるヒントとして、基軸通貨国の便益を考える。基軸通貨を発行する基軸通貨国の大いなる特権として、まず自国通貨で国際決済が可能であることが挙げられる。貿易する企業にとって自国通貨が基軸通貨であれば、為替リスクに直面せずに取引ができ、為替変動による損失を回避できるだけでなく為替リスク対策のコストも削減できる。また先にも述べたように、基軸通貨国の金融市場には世界から資金が流入するため、その豊富な資金を用いて再び世界的に投資を行い高い収益を狙う機会がある。それを利用して、基軸通貨国の企業・政府は資金調達もしやすい。特に政府は海外投資家による投資需要が旺盛なため、容易に国債を発行でき財政赤字を拡大させやすく、クラウディングアウトとして懸念されるような金利上昇もそれほど心配されることはない。これは財政規律が弛緩する恐れがあるものの、政府にとっての便益は大きい。

一方で基軸通貨国のコストとしては次のようなものが考えられる。まず自国通貨が世界的に利用されるので、資本移動によって国内金融市場の資金量が変動しやすく、資産価格の変動も大きくなる可能性が高い。そのため、経済規模ならびに金融市場規模が世界的にもっとも大きい場合には、その変動は些細であろうが、市場規模が相対的に小さくなると変動が大きくなり、国内経済に負の影響を与えかねない。また便益でも触れた財政赤字が容易に行えることが、実は長期的には財政規律を弛緩させるのならば、コストになりうる。すなわち、財政赤字を累積させることで、基軸通貨国政府への債務返済困難の怖れが高くなり、非居住者による基軸通貨保有の不安の高まりが国内金利の上昇や金融機関の経営不安を招く恐れもある。無論、財政規律を維持するように財政運営を行うべきではあるものの、財政ルールがなく、さらに資金調達が容易であれば基軸通貨国政府が財政規律を維持するのは現実的に困難であろう。

これらの便益とコストを比較するのは単純には難しい。便益とコストの発生するタイミングが異なることや、便益を享受したりコストを負担する人々（経済主体）が異なるからである。しかし総合的に考えれば、基軸通貨国の便益は大きいといえる。現在のアメリカも財政規律は弛緩しているものの、ニューヨーク金融市場に集まる巨額の資金を用いて、収益の高い投資をグローバルに行っている。アメリカ企業も為替リスクを気にせずビジネスを展開し、そのグローバルビジネスを基軸通貨ドルが後押ししているともいえる。

そのため、ユーロ圏も基軸通貨国をめざすべきなのだろうか。たしかにユーロが基軸通貨国となれば、先に述べた便益を得ることができる。コストを考慮すると、ユーロ圏には財政ルールである安定成長協定があり、財政規律の弛緩を防ぐことはできる。それによってユーロの信頼を維持することができる。その一方で、加盟各国が過剰に財政赤字を出さない仕組みであるので、アメリカに比べて国債残高が少ない。そのためユーロ建て投資のための金融商品の流動性が低く、ユーロの国際利用の魅力を削ぐことになっている。ただし、新型コロナウイルス（以下ＣＯＶＩＤ-19）対策として、ユーロ圏でもユーロ共同債を発行することが決まり、ドイツでもグリーンボンドと呼ばれる環境対策のための資金調達としての債券発行が計画されている。これらが円滑に金融市場に供給されれば、安全資産としてのユーロの魅力が高まるといえる。

以上のように、ユーロが基軸通貨をめざすことはユーロ圏にとって魅力的なものにはなろう。ただし、実際にユーロの国際的な役割を高めることができるのかどうか、検討する必要はある。節をおって、検討しよう。

第３節　ユーロの国際的役割の進展

国際通貨や基軸通貨は国際決済の役割をするだけでなく、その通貨の発行国にも多大な利益をもたらし、世界的にも利益をもたらす。

戦後、基軸通貨の役割を担ってきたのは、周知のとおり、米ドルである。米ドルが戦後の国際通貨制度であるブレトンウッズ体制だけでなく、変動相場制を通じて長い間、国際決済の中心である。そのため、アメリカ金融機関は世界の金融市場の中心地でもあり、多額の基軸通貨特権を享受してきた。すなわち、米企業は為替リスクを気にかけずに貿易を拡大でき、世界からニューヨークに集中する豊富な資金を用いて、金融機関は国際金融ビジネスを展開することができた。ただし、ブレトンウッズ体制では名実ともにドルは基軸通貨であったが、変動相場制に移行して、ドルは民間利用を中心に市場によって選択された基軸通貨となった。無論、その大きな理由はブレトンウッズ体制のレガシーがあったためであるが、協定のようなものはなくても、１９７３年以降にドルが基軸通貨として選択され、それ以降、ドルがその地位にある。今後もグローバル経済が自由なものである限り、将来の基軸通貨は金融市場を含む世界市場で選択されるものといえる。その基軸通貨にユーロが選ばれるのであろうか。それを知るため、まずユーロの現状を見てみよう。

ユーロの現状

ユーロの国際的役割を総合的に示した指標が図表２である。これより、ユーロ導入直後はその役割は高まったものの、２０１０年の欧州債務危機以降、役割は２０１６年まで一貫して低下している。２０１７年以降、わずかに上昇しているものの依然としてその役割は低いままである。さらに、基軸通貨の役割別にシェアを見てみよう。図表３は、輸出契約通貨のシェアを表したものである。これよりユーロ建て輸出をしている地域は、ユーロ圏とユーロ圏以外のＥＵ諸国では高いものの、それ以外では低い状況が続く。ただし旧宗主国としてＥＵ諸国が多いアフリカ諸国ではユーロの利用割合も高い。また、第６章で詳しく説明するが、ＥＵとロシアとの貿易決済通貨としてユーロの利用割合が高

図表2　ユーロの国際的役割に関する総合指標

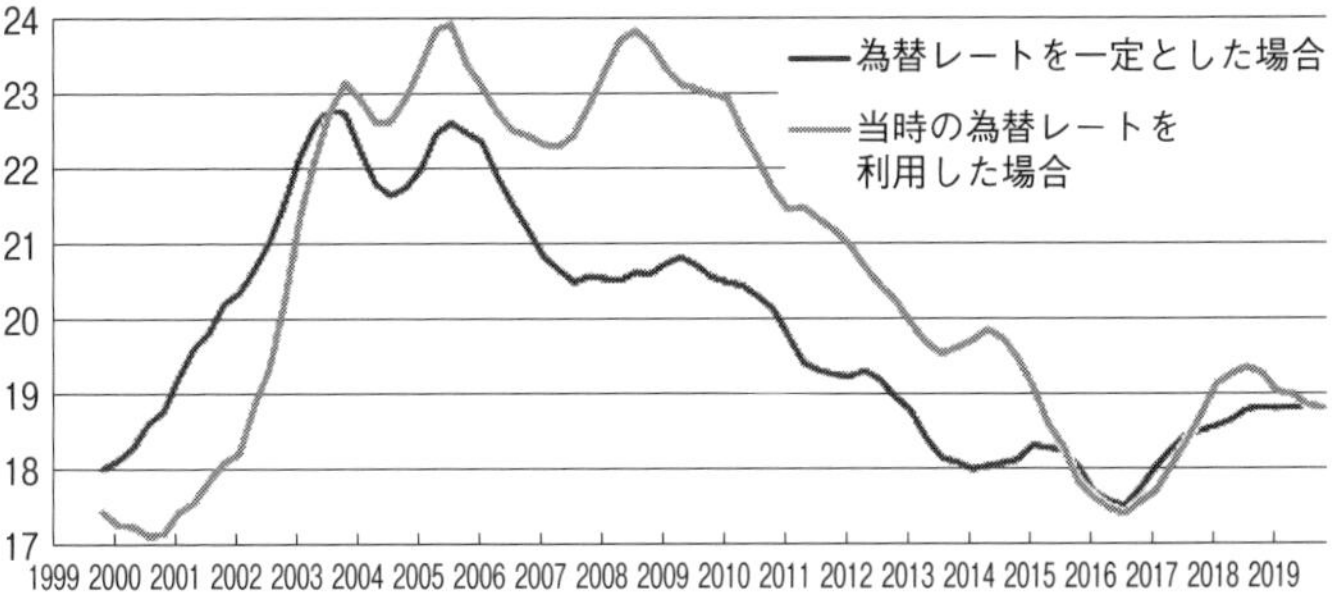

（注）民間利用、公的利用でのユーロ利用を平均化して求めた指標である。指標の詳細はIlzetzki, E., Reinhart, C. and Rogoff, K. (2019) を参照。

（出所）The international role of the euro, June 2020 chart 1.

図表3　地域別輸出シェアと契約通貨シェアの推移

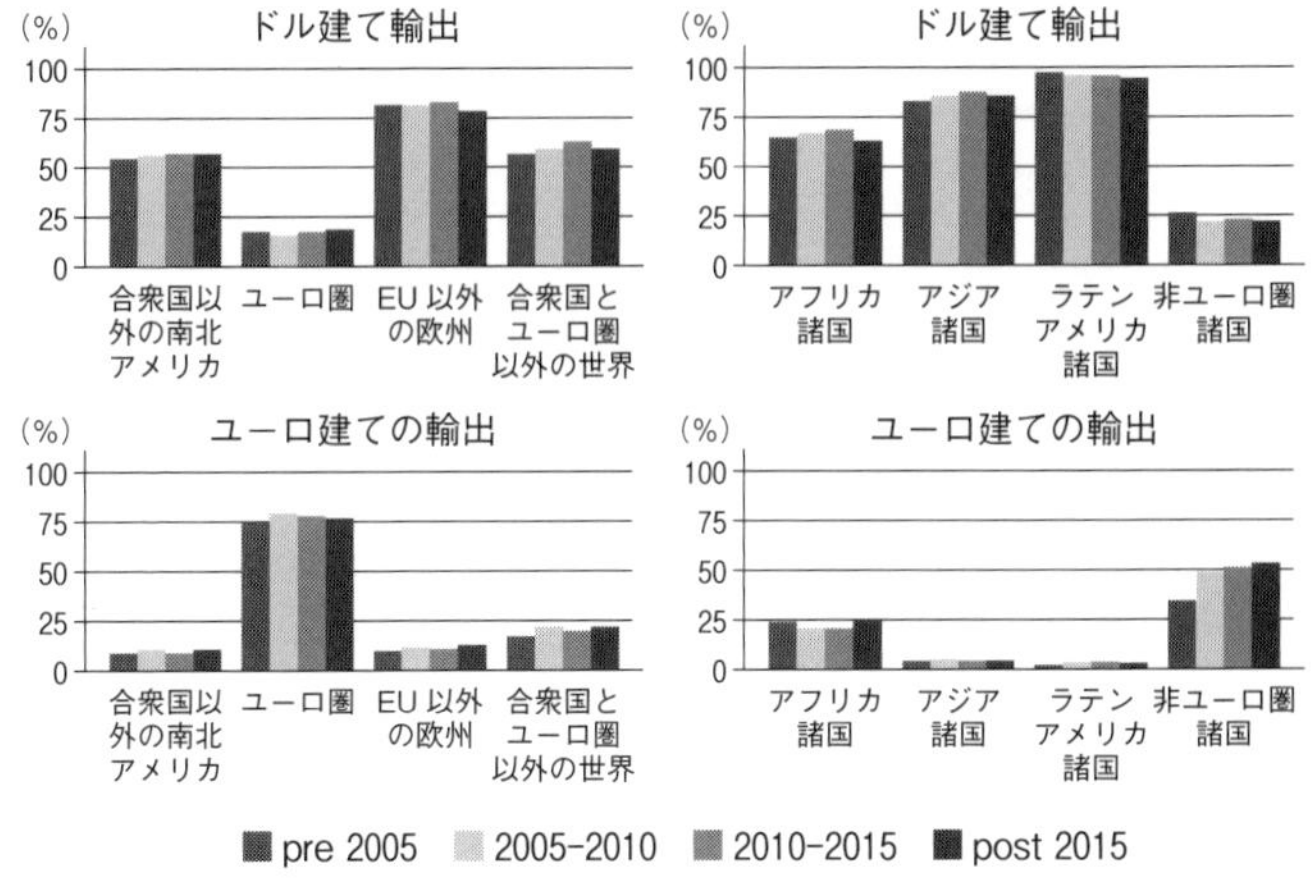

（出所）Emine Boz et al. (2020)

図表４　EU と日本との貿易取引に占める通貨別比率

日本からの輸入	通貨名	ユーロ	円	米ドル	英ポンド	スウェーデン・クローネ	その他
	比率	19.6	30.1	13.4	6.1	0.4	0.4
日本への輸出	通貨名	ユーロ	円	米ドル	英ポンド	スウェーデン・クローネ	その他
	比率	28.2	58.1	10.2	2.1	0.8	0.6

（注）輸出・輸入はEUからの輸出、EUの輸入を表す。
（出所）関税・外国為替等審議会（2016）。

まっている。しかも従来、ドルで決済されていた原油取引での決済に、ドルではなくユーロが利用されている。ドルへの依存を脱却したいロシアの政治的思惑も感じ取れるものの、ドルの代替としてのユーロの役割も見逃せない。一方、ドルの利用はアフリカ、アジア、ラテンアメリカ諸国の比率が依然として高い。またEU以外のヨーロッパ諸国での利用が若干、低下しているとはいえ、ドル利用の割合が高いのは興味深い。ただし、我が国との貿易でのユーロ建て比率は高い。図表４はEUと日本の通貨利用比率であるが、これより円での利用が最も高く次いでユーロが利用されている。２地域間貿易ではドル以外が利用され、既に締結された日EU経済連携協定により貿易関係が深まれば、円・ユーロの利用割合が高まることが期待される。

図表５は各国保有の外貨準備・通貨別シェアによって準備通貨の役割を示している。この推移をみると、70年代よりドルのシェアは低下し、ユーロが登場してからもシェアは低下している。ただし、ユーロのシェアは20％前後で推移し、２０１５年以降はむしろ低下している。

また、国際債券市場の状況を表したのが、図表６‐１である。ドル建てでの債券発行が最も多いが、ユーロ導入から２００６年まではユーロ建て

図表5　各国保有の外貨準備・通貨別シェア

単位：%

	1973	1980	1990	1995	2000	2005	2010	2015	2016	2017	2018	2019
米ドル	78.4	55.9	50.3	59.0	71.1	66.5	62.2	65.7	65.4	62.7	61.7	60.9
ユーロ					18.3	23.9	25.8	19.1	19.1	20.2	20.7	20.5
人民元									1.1	1.2	1.9	2.0
日本円		3.3	8.2	6.8	6.1	4.0	3.7	3.8	4.0	4.9	5.2	5.7
英ポンド	6.5	2.5	3.2	2.1	2.8	3.7	3.9	4.7	4.3	4.5	4.4	4.6
豪ドル								1.8	1.7	1.8	1.6	1.7
カナダドル								1.8	1.9	2.0	1.8	1.9
スイスフラン				0.3	0.3	0.1	0.1	0.3	0.2	0.2	0.1	0.2
ドイツマルク	5.5	11.9	17.4	15.8								
フランスフラン	0.9	0.9	1.1	2.3	2.4							
その他				5.2	1.5	1.7	4.3	2.8	2.3	2.4	2.5	2.6

（注）ここでのシェアは構成通貨開示外貨準備を対象としている。

（出所）IMF、Annual Report of the Executive BoardおよびCOFERデータベースを元に著者作成。

債券の発行・調達が増加していたものの、債務危機を経験した後には減少傾向にある。したがって、調達してユーロを利用しようという企業の意欲が低下している。それは貸出、預金市場でもみられ、図表6-2の非居住者向け貸出市場、図表6-3の非居住者の預金市場でもドルに大きく差をつけられている。

さらに、図表7では、外国為替市場でのユーロのシェアを示している。これによれば2001年から35%前後で一定で推移しており、ドルの相手方通貨としてはもっとも高いシェアを維持しているものの、外為市場での取引通貨としては2位の地位にある。[2]ちなみに、興味深いのは図表8が示唆するようにユーロ建て外為取引を最も頻繁に行っているのは、イギリス・ロンドンである。しかも、ユーロ圏での取引よりも3倍強あり、ロンド

図表 6-1　国際債券市場の状況（%）

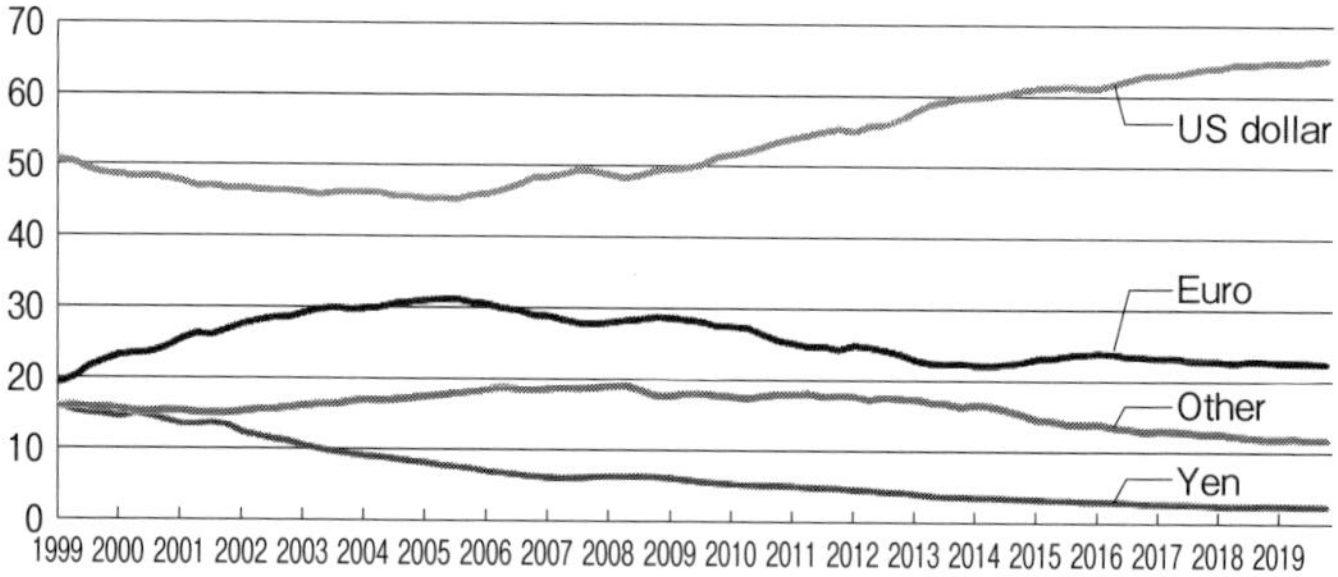

図表 6-2　国際貸付の通貨別残高の推移（%）

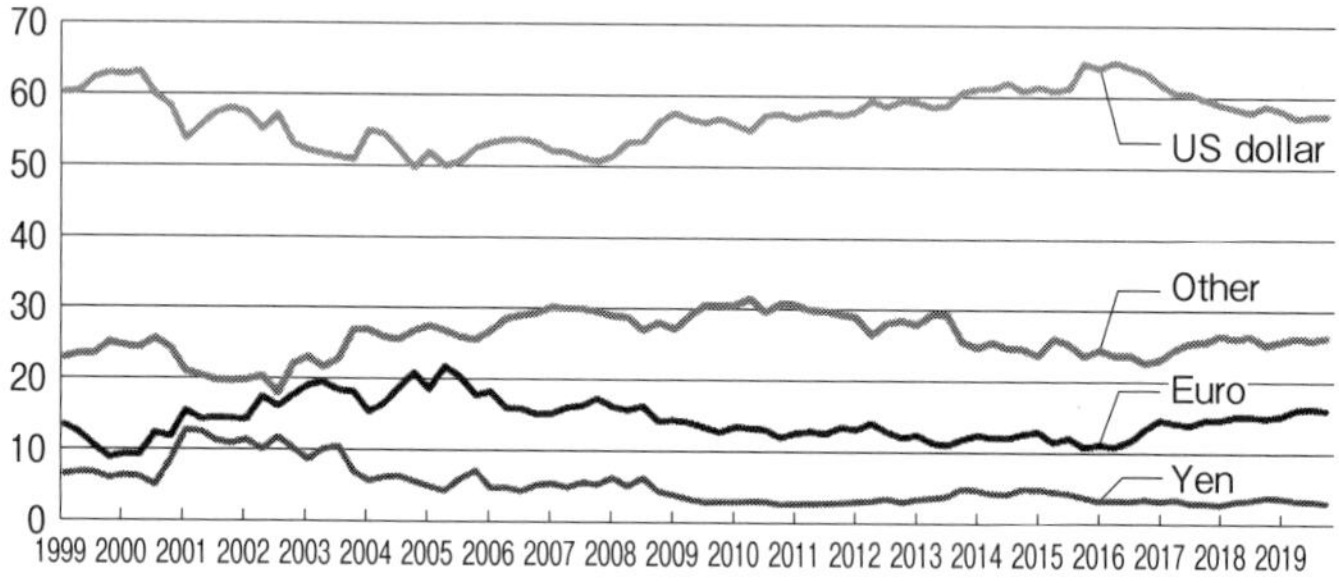

図表 6-3　非居住者による預金残高の推移（%）

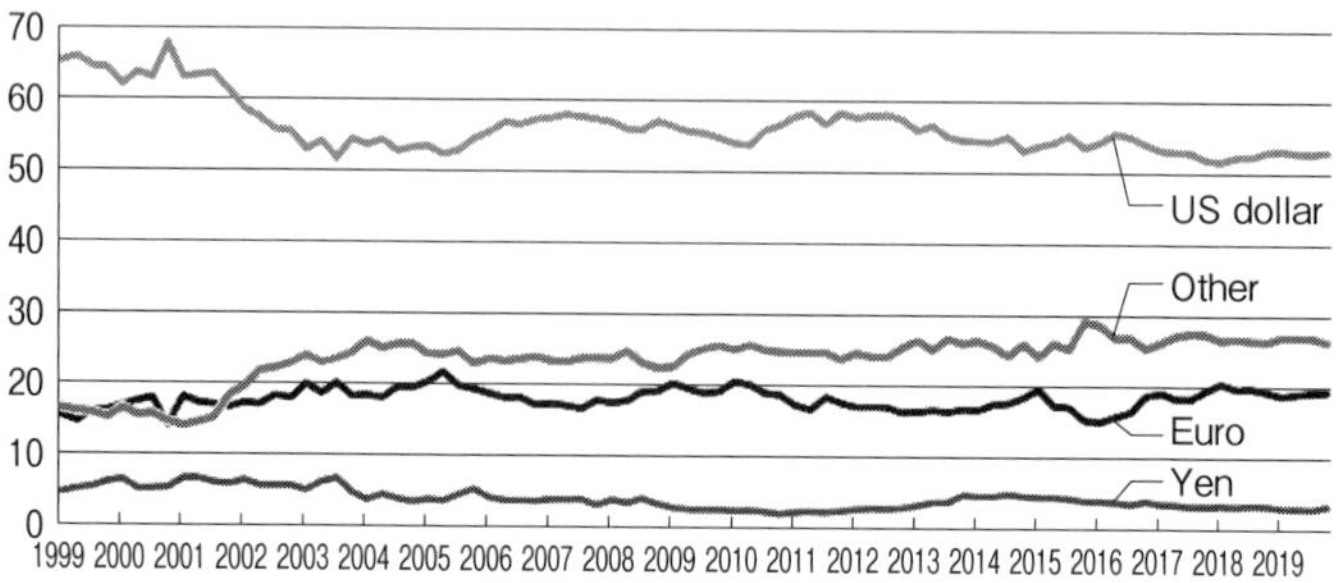

2019年第4四半期での為替レートによる評価
（出所）ECB（2020）

図表７　外国為替取引における相対取引でのユーロのシェア（各年４月時点でのシェア、％）

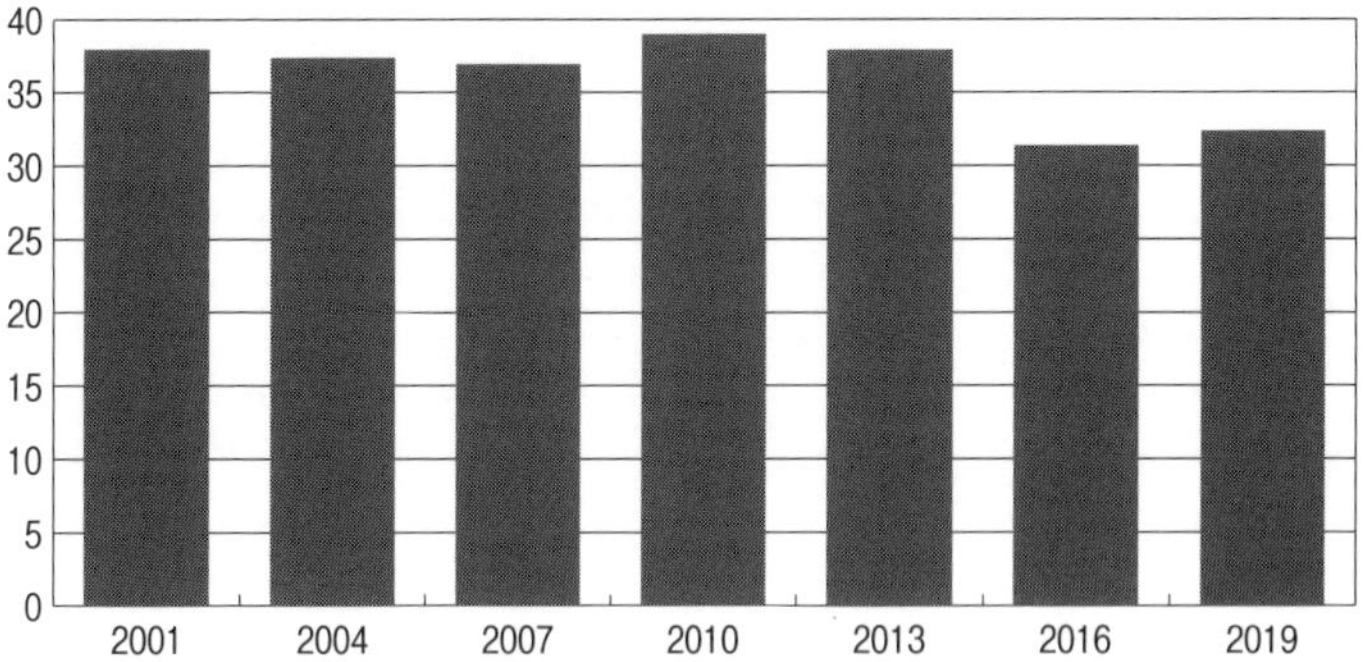

（出所）The international role of the euro, June 2020 chart 8.

図表８　2019年での外国為替取引各国・各地域シェア

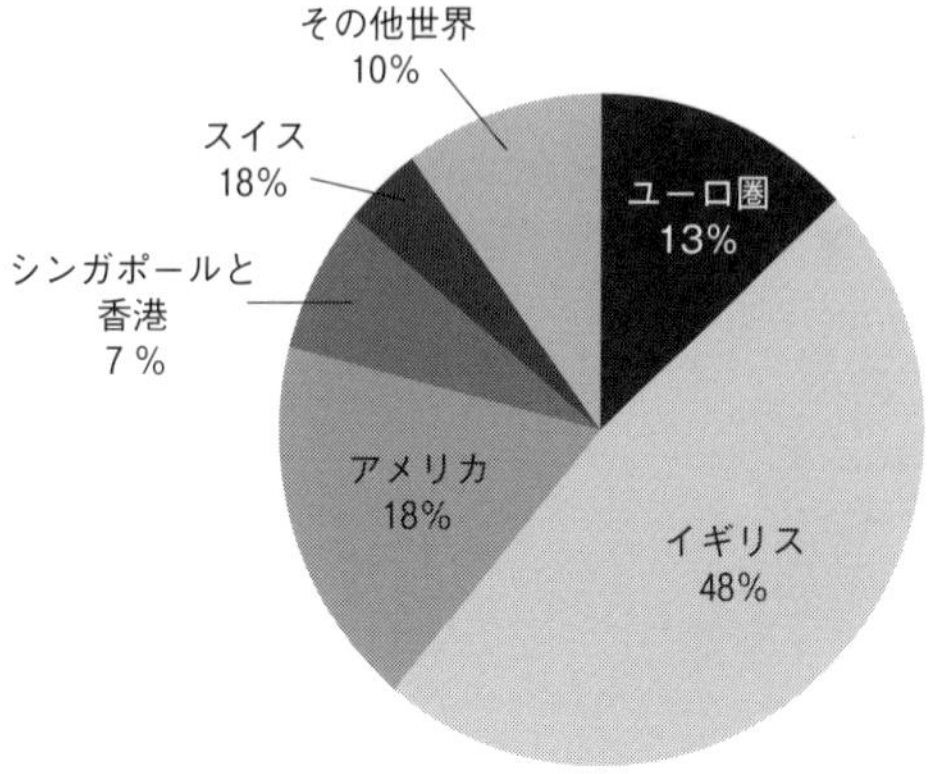

（出所）前掲書。

図表9　グローバルファイナンスセンターインデックス（GFCI 27）

	GFCI 28	GFCI 27	GFCI 26
発表年	2020	2019	2018
ニューヨーク	1	1	1
ロンドン	2	2	2
上海	3	4	5
東京	4	3	6
香港	5	6	3
シンガポール	6	5	4
北京	7	7	7
サンフランシスコ	8	8	12
深圳	9	11	9
チューリッヒ	10	14	14
ロサンジェルス	11	10	13
ルクセンブルク	12	18	25
エディンバラ	13	17	29
ジュネーブ	14	9	26
ボストン	15	25	18
フランクフルト	16	13	15
ドバイ	17	12	8
パリ	18	15	17
ワシントンDC	19	24	28
シカゴ	20	16	16

（出所）The Long Finance initiative “The Global Financial Centres Index 27”
https://www.longfinance.net/

ンがユーロ建て取引の中心地であることを示している。これはブレグジットによって、どのように変化するのか、しないのかが問題となる。ただし、ブレグジットによってロンドンでのユーロ取引が大きく落ち込むことはないであろう。

その理由として、EU域内・域外を含む欧州において最も利便性が高く規模の大きい金融市場はロンドン以外にはないからである。ここで、グローバルファイナンスセンターインデックスで比較した、各都市の国際金融センターの競争力を示したのが、図表９である。このインデックスは、人的資本やビジネス環境など、国際金融都市としての１３８の要因を量的に把握した指標である。図表９では、ヨーロッパの金融センターではロンドンは2位に入っているものの、ユーロ圏では13位のフランクフルト、15位のパリ、18位のルクセンブルグが下位で入っている。また、昨年のインデックスと比較すると、ルクセンブルグは上がったものの、後の2都市は下がっており、近年、アメリカ、アジアと比べてユーロ圏ならびにＥＵはセンターとしての魅力は低いといえよう。これは従来、ＥＵ域内での金融センターとしてはロンドンが機能しており、またユーロ圏のセンターであるフランクフルトよりも、ユーロ圏外のロンドンでのユーロ建て取引が盛んであったこともあり、域内でのセンターの魅力が低いままにあった。いま、イギリスがＥＵから離脱してロンドンにあった欧州銀行監督局（ＥＢＡ）のパリへの移転もあり、ユーロ建て取引の域内市場への移動や、在ロンドン金融機関の一部の機能のユーロ圏センターへの移転などが行われ、域内センターの取引総額が今後、増加することは見込まれる。しかし、それがユーロ建て取引の魅力を高めるとは言いがたい。というのも、金融センターのインフラに関しては、域内もアメリカ、アジア、ロンドンに遜色はないものの、センターの魅力は、金融商品のメニューと資金量の豊富さであり、それを支える人材である。その点に、ユーロ圏の課題があり、それがユーロ圏にどれだけ今後集積できるかが鍵となろう。むしろ、ＥＵから離脱したとはいえ、ロンドンでのユーロ建て取引がどれだけ伸張してゆくのかも、ユーロ取引の魅力につながるといえる。皮肉ではあるが、ブレグジットによってもロンドン金融市場の魅力が維持されることが、ユーロの国際的な役割を高めることに貢献してゆくといえる。

以上のように、ユーロの利用割合は、たしかにドル以外の通貨と比較すれば高いものの、ドルに匹敵する、あるいは凌駕するまでには至らないのが現実である。では、将来、ドルに匹敵する可能性があるのだろうか。それを考察するヒントとしては、次の条件が挙げられる。

(1) ユーロ圏は今後、安全資産を提供し、リスク資産に適切に投資できるのか

(2) 人民元の国際化によって、人民元が国際通貨としてユーロと競争関係になるのか

(3) ディエム（旧リブラ）など、デジタル通貨の登場がユーロをはじめ、ソブリン通貨による基軸通貨制度と競争関係になるのか

このうち(1)について、ここで考えてみよう。(2)、(3)については節をあらためて議論したい。安全資産の提供することで重要なのは、ユーロ圏加盟国の金融システムの安定性である。より具体的には、マネーセンターバンクとなる金融機関の財務の健全性が確保されることである。ただし、マネーセンターバンクとなるべき金融機関への不安が続いているのもＥＵである。例えば、ドイツ最大の預金取扱量を持つドイツ銀行は、ユーロ危機の原因となるアメリカでの過剰投資による損失に加え、アメリカでの不正取引によりアメリカ政府から多額の罰金を科され、２０１０年以降、財務基盤が弱体化している。それを表すのが、図表10のドイツ銀行の株価の推移である。１つの例には過ぎないものの、ヨーロッパを代表する金融機関の脆弱性はユーロ建ての預金を決済手段に新規に利用しようとするユーザーには、負の情報となる。

図表10　ドイツ銀行の株価

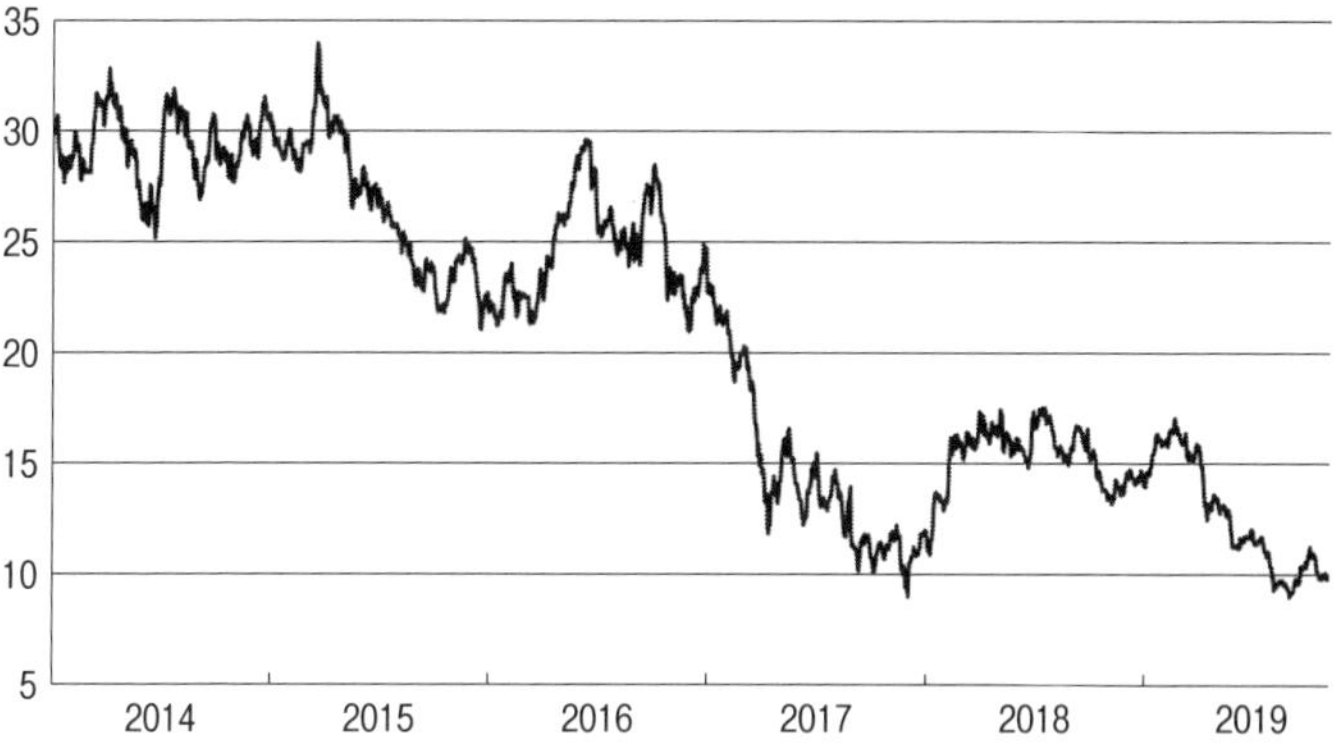

（出所）Datastream を元に著者作成。

またユーロ圏の金融市場の課題としては安全資産の供給量の問題がある。ＥＵには安定成長協定と呼ばれる財政均衡ルールがあり、そのもとでは国債残高は少なくなる。債務危機の際にも、ＥＣＢによる国債購入の際に、量的限界が問題になったことがある。ただし、ユーロ共同債の発行に合意すれば、統一した基準、リスクの金融商品が誕生し、財政ルールがあるとしても流動性は豊富になる。そのようになるためには、ＥＵが結束してユーロ共同債を発行することを一時的なものにせず、今後の財政の枠組みに取り入れることが必要であろう。さらに、そのためにはＥＵが財政統合へと進むことも必要となる。

第４節　円の国際化の失敗からの教訓

ここまで、ユーロが国際通貨としての役割を高めるための条件を述べてきた。ただし、国際通貨の役割が高まるには、他通貨よりも相対的に魅力を高めておく必要もある。そこで、他通貨の国際化の状況も見ておこう。まず、日本円の国際化の推移を見ておきたい。

円の国際化に関して、2001年に財務省は「円の国際化研究会」報告書を出している。既にこの研究会は解散し、その報告書のウェッブのリンクも切れており、円の国際化は過去のものとなっているようだ。円の国際化はもともと日本の経常収支黒字の累積に業を煮やしたアメリカが、日米円ドル委員会を立ち上げ、円の国際化を進めることで円高が進むと考えていた。そのため、日本はユーロ円市場や国内金利の自由化を行ったものの国際化は進まず、また円高にもならず、この時の円の国際化は失敗した。当時、我が国の金融自由化・国際化が不十分であったことと、日本の多くの企業がドル依存から脱却できなかったこと、そして何よりバブル崩壊によって円の国際化を推進する動機が薄れていった。[3]

円の国際化が再び注目されたのは、日本版ビッグバン（金融大改革）構想が打ち出された1997年である。この中で外国為替法の改正が行われ、円と外貨の交換は原則自由となった。この時円の国際化を推進する理由として、財務省の審議会は東アジア通貨危機の主因の1つが国際決済時に、それらの国のドル依存の高さがあるとし、ドル依存を引き下げるため、円の国際化が必要であるとした。さらに、ユーロ導入によって円の国際的な役割が沈下するのではないかという懸念もあったとされる。そのため政府は海外投資家向けに国債利子への源泉徴収を撤廃するなど行ったものの、当時、日本の金融市場が不安定となっており、海外の投資家の円利用は高まらなかった。特に邦銀のアジアでの融資残高が減少に転じたことである。２つ目の失敗といえよう。

ただし、東アジア通貨危機の教訓として、２０１７年5月に日本政府は東アジア諸国との間で円と現地通貨を交換するスワップ協定を締結している。それまでは、東アジア諸国との間でドルを融通する2国間通貨スワップに加え、円を利用できるようにした。また、現地通貨と円とを直接交換できる直接交換市場の整備も進んでいる。しかし、円のアジアでの利用も大きくは高まらずドル利用の比率が依然として高いのが現状である。

我が国の円の国際化戦略とは、我が国の金融市場を海外ユーザーに対して使いやすいものにするため規制緩和をすることであった。しかし、それが円を国際通貨としての機能を高めることができたのかは疑問が残る。80年代の国際化はオフショア市場創設を含むものでのあったが、円の国際化は海外ユーザーの利用による円の価値貯蔵機能を高めてゆくことに重点が置かれていたといえる。しかし、この機能の高まりが、他の国際通貨の機能、例えば契約通貨や為替媒介通貨の利用を高めることは難しかった。実際、日本の低金利政策が継続されてきた中で、非居住者の円資金への需要は高まったものの、円キャリートレードによってドルに交換されドル資金として利用されてきた。したがって、円建て取引の高まりがあったわけではない。したがって、これらのことは、円の国際通貨化は最終的な円利用を高める必要があることを示唆する。もし可能ならば、我が国のグローバル企業が円建て利用を中心とした本社・子会社間でグローバル決済ネットワークを構築し、さらに取引先にも円建て契約を求めていくことであろう。さらには、直接投資も円での利用が望まれる。いずれにせよ、ある国の通貨が国際通貨となるには、その国の金融市場を巻き込んで、その国の居住者が積極的に国際決済に利用する必要がある。

第５節　中国人民元とデジタル通貨の台頭とユーロ

さらに、ユーロに対抗する通貨としては近年、国際化が著しい人民元があげられよう。改革開放戦略以降、輸出指向型成長を目指してきた中国政府は自国通貨の人民元を用いた貿易決済に関して長い間、慎重であった。そのため、人民元とドルとの為替レートをほぼ固定とする管理フロート制が続いた。その為替レート安定のため、資本取引に関しては規制をかけてきた。

人民元国際化の第一歩は香港返還によってもたらされた。１９９７年に香港が中国に返還され、中国本土と香港との間での経済交流が盛んになり、香港ドルと人民元の交換需要が高まった。それと同時に在香港の銀行は人民元の保有が増加した。本来なら、香港の銀行は手元の人民元を香港ドルに交換しようとするのだが、在香港の銀行は中国本土の銀行に預金口座を保有することができず、人民元の交換が不便であった。これを解消するため、２００３年にクリアリング銀行を設立することを認めた。在香港銀行は、クリアリング銀行に人民元建て口座を保有し、顧客から持ち込まれた人民元をクリアリング銀行に預金したり、香港ドルに交換できるようになった。

２００９年7月に、中国の中央銀行である人民銀行は、対外決済を人民元で行うことを認めた。これが人民元の国際化を推進することとなった。中国政府は２００９年7月から上海と広東省の４都市で人民元のクロスボーダー決済を試行した。人民元のクロスボーダー決済とは、一部の中国企業や個人事業主が財・サービス貿易の決済時に人民元を決済通貨として、中国と香港・マカオ、ＡＳＥＡＮ10カ国との間で利用することができるようになった。２０１０年6月からは、海外の地域制限が撤廃され、同年8月には国内地域の制限と企業制限も撤廃された。これにより、中国と香港との間の人民元利用は進展し、特に中国から香港への支払いに人民元が利用されるようになった。

香港では人民元が蓄積されオフショア人民元市場が成立した。香港を中心とした中国本土以外で利用される人民元をオフショア人民元と呼び、それに対し中国本土内で利用される人民元をオンショア人民元と呼ばれる。このクロスボーダー人民元取引によって、オンショア人民元の対ドル相場と、オフショア人民元の対ドル相場が異なる人民元の二重相場が発生することとなった。また２０１５年10月に中国政府は貿易投資のための人民元決済を促すため、クロスボーダー人民元決済システム（RMB Cross-Border Interbank Payment System; CIPS）の運用を開始している。さらにクロスボーダーでの証券投資の人民元利用を促すため、２０１０年8月に銀行間債券市場を海外の金融機関に段階的な利用を認め、２０１１年12月に人民元適格海外機関投資家（ＲＱＦＩＩ）と２０１４年11月に人民元適格国内機関投資家（ＲＱＤＩＩ）という認可制度を導入し、人民元を利用した機関投資家による人民元建て投資を促そうとしている。

２０１６年10月には人民元が、国際通貨基金によるバスケット通貨単位であるＳＤＲ（特別引出権）の構成通貨の1つに採用された。構成比率は英ポンド、円を上回りドル、ユーロの次の３番目の比率である。しかし緩和されてきたとはいえ、人民元による資本取引には規制が存在し、海外投資家が人民元を用いて自由に中国の金融市場で投資を行えるとはいえない。そのためＳＤＲ構成通貨になったとはいえ、国際的な利用が格段に広まるとまではいえない。さらに中国政府は一帯一路構想を掲げ、中国と、東南アジア、中央アジア、南アジア、中東、ヨーロッパとを陸路と海路でつなげた大規模な経済圏を構築しようとしている。この経済圏が機能し、そこでの決済通貨として人民元が活発に利用されるとすれば、人民元が国際通貨として機能する契機となり得るだろうが、この構想が円滑に拡大するかどうかは不明であり、人民元利用の拡大も不透明といえよう。

また中国政府は人民元のデジタル化を進めている。中央銀行が発行を予定する中央銀行デジタル通貨（ＣＢＤＣ）には、リテール（個人間決済）型とホールセール（企業間決済）型があり、デジタル人民元はリテール型を狙っているといわれる。ＣＢＤＣは中央銀行が現在の通貨に加え、スマホなどのデジタル機器を通じて資金振替・決済を可能にする手段である。ＣＢＤＣの発行方法としては、①預金口座型ＣＢＤＣと②トークン（経済的価値の塊）型がある。さらに①には、中央銀行にＣＢＤＣの利用者が預金口座を持ちそれをＣＢＤＣで引き出す直接発行型と、中央銀行は商業銀行からのみ預金口座を受け入れ、その商業銀行が定められた企画に沿って、ＣＢＤＣを発行する間接発行型がある。また、②のトークン型ＣＢＤＣはビットコインなどと類似し、中央銀行がいったんはＣＢＤＣを発行するが、その後はＣＢＤＣがユーザー間を転々流通してゆく。人民元を発行する中国人民銀行は、現時点では①の口座型ＣＢＤＣの間接発行型によって、現金発行の一部を代替し、中国の商業銀行を通じてデジタル人民元を流通させる方針と思われる。[4]

そのため、デジタル人民元の国際的利用の焦点は企業間・国家向け決済（ホールセール）にあるだろう。中国との貿易決済にデジタル人民元を用い、現在、取引額の数％と高い送金手数料を引き下げることができるのであれば、これを海外で利用するメリットは大きい。さらに、現在はドル建てであるアジアインフラ投資銀行（ＡＩＩＢ）やシルクロード基金を通じた中国政府からの融資や中国国営銀行による投資を人民元建てに変更し、さらに送金手数料の安いデジタル人民元の普及を図れば、中国からアフリカに至る一帯一路にある諸国は人民元の利用を促す可能性は高い。一帯一路とデジタル人民元の一体運用による人民元の国際通貨化はユーロの有力なライバルになろう。[5]

ディエムの登場

またデジタル通貨としては、民間発行のディエム（Diem、旧称リブラ）もフェイスブックによって準備されている。[6] 当初、フェイスブックは、27の企業・団体とともに「リブラ協会」をスイス・ジュネーブに設立する予定であった。しかし、この構想は世界の金融規制当局から反発を浴び、その結果、複数の企業が脱退した。２０１９年11月に同協会は21企業・団体で正式に発足した。２０２１

年１月現在で27に増えている。また現在、運営団体名もリブラ協会からディエム協会に改称された。

ディエムが注目される理由は、多くのユーザーを抱えるフェイスブックがデジタル通貨を提供することで、その潜在的な利用者数は米ドルの利用者をしのぐ可能性があることにある。また、世界的なクレジットカード企業や消費者向け企業が提携する予定であり、消費者による国際的なリテール決済の利便性は高い。したがって、ディエムは発足当初よりすでに強いネットワーク外部性を獲得しているといえる。

このディエムが他の暗号通貨と異なるのは、希少性を高めるマイニングを行わない代わりに、その価値をドルやユーロなどの代表的な既存のソブリン通貨の価値と結びつけている点である。既存の暗号通貨の価値は不安定になりやすいが、その問題をソブリン通貨の価値で担保しようとしている。当初、ディエム協会は通貨の合成した価値で担保しようとしたが、２０２０年４月に発行したホワイトペーパーｖ２・０を通じて、ディエムの価値を合成価値だけではなく、各国ソブリン通貨価値にもとづく安定したデジタル通貨も発行するものとした。[7]すなわち、バスケットデジタル通貨のディエムではなく、単一デジタル通貨としてディエム・ドル、ディエム・ユーロなどが発行される予定である。ただし、将来的にはバスケット型の発行も摸索する予定である。各国ソブリン通貨をベースとするディエムを発行することで、各国金融市場での親和性と利便性を高め、さらに各国の規制遵守の姿勢をしめす狙いがあるのであろう。それとあわせて、厳格な法令遵守に従ってディエムのセキュリティを強化することも示している。

この方法は暗号通貨の価値を安定させる現実的な解決策である反面、ソブリン通貨の信頼構造からはディエムが抜け出せないことを表す。信頼構造としてはソブリン通貨に依存したバスケット通貨としてのディエムが生成されることになるが、価値の安定性ゆえにディエムが普及される可能性は高いだろう。ただし、このディエムの性質が中央管理者を必要としない他の暗号通貨と異なることとなる。ディエム利用者は取引所を通じてディエム協会からディエムを購入することとなる。ディエム協会は発行したディエムと同額の安全資産をディエム・リザーブとして保有することが義務づけられる。ディエム・リザーブを管理するディエム協会が中央管理者の役割を担うこととなり、分権的暗号通貨とは一線を画す。したがって、ブロックチェーン技術だけでなく既存の通貨価値を担保にする限り、ディエムも中央集権的・中央管理的な発行が必要となる。ディエムは貨幣の形態としては暗号通貨ではあるものの、CBDCと同様、中央管理者への信頼を基盤にする発行形態であるため従来の貨幣発行方法と同様のものであり、革新性には欠ける。逆にその革新性の欠如が、公衆の信頼感を高め流通を拡大させる可能性も高い。

ユーロにもデジタル通貨となる計画がある。欧州中央銀行は日本銀行とともにデジタル通貨の検討を進めており、すでにユーロ圏中央銀行の1つであるフランス銀行は、2020年5月にブロックチェーンベースのホールセール向けのデジタルユーロの実験を行い成功したと発表した。[8] また4月にはオランダ銀行もデジタルユーロに関するレポートを発表し、現金利用の低下に対応するとともに、ディエム計画によりデジタル通貨が世界的に利用される可能性があることにも対応すべきという危機感が表れている。そのため、欧州中央銀行もユーロのデジタル化を今後、加速させるものと思われる。

ただし、現在の基軸通貨ドルを発行している連邦準備はデジタルドルに関して慎重である。まだ連邦準備からデジタルドルの発行計画は発表されてはいない。ただ、２０２０年6月に米下院金融サービス委員会（ＦＳＣ）が開いた公聴会で、「デジタルドル」が議論され、またドルのデジタル化を支援する非営利団体「デジタルドル財団（Digital Dollar Foundation）」と、コンサルタント大手のアクセンチュアはデジタルドルプロジェクトとしてホワイトペーパーを発表しており、連邦準備の周辺はドルのデジタル化に関心を高めている。

したがって国際通貨の競争においても、デジタル人民元、ディエム、デジタルユーロ、そしてデジタルドルにおけるデジタル化の特徴が今後、重要な要素となる。その場合、先に述べたように国際通貨の利用の際、信認と流動性の２つの観点から優れたものが世界的に選ばれ利用されるだろう。まず信認を担保するものが、ソブリンであるのか、ＥＵという通貨圏であるのか、それともデジタル暗号技術となるのか、判断される要因を注視する必要がある。ソブリン通貨の場合には、国家としての徴税能力や財産保全のための安全保障といった経済要因以外も信頼の源となり、非ソブリン・デジタル通貨の場合には、発行元の財務体制だけでなく、暗号技術といったＩＣＴも信頼の源となろう。ユーロの場合、加盟国間の結束が図れるかが、各加盟国の徴税能力以上に大切であろう。共通通貨への国際的な信頼は、平均化した加盟国の経済力と、それを結束によって補完できるかが源となる。これらの信頼間の競争でユーロが勝っていこうとすればＣＯＶＩＤ-19以降の結束をより強く保てるのかが鍵となろう。

また流動性に関して、デジタル人民元、ディエムもこれから利便性を高めるであろうが、国家によるどの程度規制がかかるのかに依存する。企業や投資家は市場の安定さを望む反面、自由さを切望する。そのため、自由な取引環境がこれらの発展には重要であろう。また、ユーロに関しては、加盟国内の金融市場の利便性とブレグジット後のロンドン市場との取引関係を良好に保てるのかに依存しよう。また財政規律の厳格なユーロ圏内で、いかに十分な量の安全資産を提供できるのかもユーロの利便性に関わる。

これら信認と流動性における競争によって、今後の国際通貨の地位が決まってくる。２つの要素、信認と流動性は、国際金融論での「流動性のジレンマ」が示唆するように相対立する場合がある。信認を高めようとすれば、ボラティリティを引き下げるため投機を抑制するため規制を厳しくすれば流動性を低め、流動性を高めようとすると、乱高下が大きくなり信認が揺らぐ場合もある。しかし、ネットワーク効果を通じて経済ならびに金融市場規模が大きくなることで、この対立を避けることができる。米ドルを交えた今後の競争によって、ネットワーク効果を十分に発揮できる通貨が選択されるであろう。

結びにかえて――ポストコロナと国際通貨ユーロへの信認

ユーロが国際通貨の役割が担えるのかというのが、この章の課題である。それに対して、現時点では、国際通貨として２位の地位であり、それを維持することになろうかと考えられ、基軸通貨として米ドルが利用されるであろう。しかし、デジタル通貨の登場は避けがたく、デジタル人民元などのソブリン通貨やディエムなどの非ソブリン通貨を交えた国際通貨の競争が始まるであろう。

最後にＣＯＶＩＤ-19以降に関して、触れておきたい[9]。２０２０年２月以降、現在もＣＯＶＩＤ-19の感染拡大は終息していない。その状況も国際通貨競争に影響を与えるであろう。まずポストコロナ後、グローバル経済がＤＸ（デジタルフォーメーション）の進展と相性のいいデジタル通貨の利用拡大が予想され、それを見越した上でユーロの国際通貨進展を期待するのであれば、足許で必要なことは、ＣＯＶＩＤ-19に対応してユーロ圏の結束をいかに示すことができるのかであろう。

ＥＵならびにユーロ圏ではＣＯＶＩＤ-19の感染広がりに対して、当初、ＥＵ諸国は都市のロックダウンと国内の医療体制で臨んだ。またイタリアからの支援要請があったものの、ＥＵは対応に遅れ、また撤回はしたものの３月４日にはドイツが医療用マスク、防護服などの輸出禁止に動き、さらにはＥＵ域内（シェンゲン協定域内）での国境管理を厳格化した。この一連の動きはＥＵの結束、連帯が問われる事態となった。たしかにEUでは財政主権は各国にあり、また感染危機に対応する権限も加盟各国にある。そのため、自国優先主義とも受け取られる措置を講じてしまった。3月に入り、コロナ対策投資イニシアチブとして380億ユーロが計上され、5月になり独仏がコロナ基金を提案し、ようやくEU全体としての財政支援策への取り組みがはじまった。ただし、大きく落ち込みが予想される景気刺激策としては十分な対応とはいえない。また、欧州中央銀行も感染拡大の初期から対応して、従来の非伝統的金融緩和の継続や深掘りをして、景気下振れを支えようとはしている。

このようなCOVID-19危機への対応を始めているが、ユーロの信頼という観点から重要なのは、結束の強さであろう。ソブリン通貨ではないユーロが加盟国以外から信頼されるためには、加盟国間での結束とそれによる財政調整能力であろう。ヨーロッパ債務危機でみせたギリシャ危機への対応のまずさは、ユーロの脆弱性となり、ユーロ圏以外の利用を低下させることにつながった。今回も同じ轍を踏むのであれば、ユーロが国際的に利用される機運は高まらず、またデジタル人民元、ディエムといった新たなデジタル通貨が台頭するタイミングでもあり、その機運が再び高まることはないだろう。COVID-19危機はユーロ圏の結束の強さの真価が問われるとともに、ユーロの国際通貨化を確かめる試金石でもある。

世界的な経済危機が発生したとき、投資家や企業はリスクオフと、世界的な安全資産を選好する。2008年の時には、米ドルが安全資産と認識されドル需要が急激に増加した。一時、金融機関の間でもドル需要が逼迫し、ECBが流動性供給に踏みきったことがあった。今回のCOVID-19危機が始まってから、景気後退が見られるものの、アメリカ金融市場はまだ堅調であり、ユーロ圏金融市場も株価の回復が遅いものの、暴落ほどには至っていない。そのため、２００８年の時のようなドル需要の逼迫という状況にまでは至っていない。しかし、国際通貨特に基軸通貨としての役割が安定して機能するには、世界の安全資産としての認識が重要である。その点では既存の暗号資産、人民元、そしてディエムもその役割を果たさないであろう。安全に資産を逃避させる金融市場をユーロ圏が育成できるのかどうか、ＥＵの取り組みを注視したい。

（高屋定美）

［注］

1　小川（２０１９）では、ガリバー型国際通貨システムと呼んでいる。

2　図表7での外国為替取引の合計シェアは２００％としており、約90％が米ドルである。４％が人民元である。

3　世界で通用するドル取引を本社・子会社一括で管理するほうが効率的と言う判断を我が国のグローバル企業は判断していたようである。そのため、基軸通貨ドルを用いる方がかえって日本企業でも有利であった。

4　２０２０年4月に中国はデジタル人民元の実験計画を明らかにした。その際の人民元の画像では中国農業銀行の文字が見られ、間接発行型のようにうかがわれる。また預金口座を保有しなくてもデジタル人民元を利用できる仕組みも想定できる。いったん人民銀行がＣＢＤＣをトークンとして発行し、それをスマホのアプリ間で転々流通させることも技術的には可能であろう。そうなればリテールでの取引で中国国内に預金口座を保有する必要はなく、海外でも自由にデジタル人民元を利用できる。一方で人民銀行がデジタル人民元の利用をコントロールできないというデメリットもある。ただし、本文②のトークンとしての発行となれば、国際的なリテール取引でもデジタル人民元が中国国外で普及することが想像でき、人民元の国際化を加速させるだろう。

5　しかし、２０２０年からの香港の民主化運動の結果、中国政府は香港に対し香港国家治安維持法を制定し、自由な言論活動を規制しようとしている。その結果として香港から国際金融機関が他地域に移動し、国際金融都市としての香港の地位が低下すると、人民元の利用にも負の影響を及ぼすかもしれない。やはり国際金融都市として魅力を維持するためには、経済活動だけでなく政治的にも自由が確保されることが大切であろう。

6　ディエムに関する情報は、https://www.diem.com/en-us/association/ を参照。

7　また20年6月にリブラを利用するための専用デジタルウォレットを開発する子会社をカリブラからノビに名称変更もしている。

8　https://www.banque-france.fr/communique-de-presse/avancement-de-la-demarche-dexperimentations-de-monnaie-digitale-de-banque-centrale-lancee-par-la

9　ヨーロッパのＣＯＶＩＤ-19危機に関しては、高屋（２０２０）を参照。

[参考文献]

小川英治（２０１９）「基軸米ドルの慣性―ドルの効用と通貨競争の可能性」小川英治編著『基軸通貨ドルへの挑戦』所収、３-２８、東京大学出版会。

河村小百合（２０２０）「ステーブルコインが通貨・金融秩序にもたらす課題」ＪＲＩレビューＶｏｌ．４、Ｎｏ．76。

高屋定美（２０１９）「国際通貨としてのユーロの位置づけ―ユーロはドルに挑戦できるのか？」小川英治編著『基軸通貨ドルへの挑戦』所収、53～78、東京大学出版会。

高屋定美（２０２０）「ブレグジット、ＣＯＶＩＤ-19に揺れるＥＵ　―ＥＵの結束は綻びるのか？―」月刊国際問題、11月号19-29。

リブラ協会（２０２０）Libra_WhitePaperV2 April（https://libra.org/ja-JP/white-paper/）。

Devereux, M., C. Engel and P. E. Storgaard (2004) "Endogenous Exchange Rate Pass-through When Nominal Prices Are Set in Advance," *Journal of International Economics*, Vol. 63, pp. 263-291.

Emine Boz, Camila Casas, Georgios Georgiadis, Gita Gopinath, Helena Le Mezo, Arnaud Mehl, Tra Nguyen (2020)," Patterns in Invoicing Currency in Global Trade" IMF Working Paper, WP/20/126.

De Nederlandsche Bank (2020) Central Bank Digital Currency Objectives, preconditions and design choices, (https://www.dnb.nl/en/news/news-and-archive/dnbulletin-2020/dnb388309.jsp#)

Gourinchas, P. O., Rey, H., & Sauzet, M. (2019). The international monetary and financial system. *Annual Review of Economics, 11*, 859-893.

Ilzetzki, E., Reinhart, C. and Rogoff, K. (2019), "Exchange arrangements entering the 21st Century: which anchor will hold?", Quarterly Journal of Economics 134 (2), pp. 599-646.

第6章　中ロ接近とユーロ

はじめに

中国やロシアの動きは、ユーロとは全く無関係に思われるかもしれない。しかし、実際には、中国・ロシア間、EU・ロシア間においてユーロの役割が着実に高まり、石油貿易においてもユーロ化が始まり、多極化時代におけるもう1つの選択肢としてユーロが利用され始めている。本章では、第1に、EUにとっての中国、ロシアの重要性を確認する。第2に、アジアの台頭とEUのエネルギー政策の発展が、ロシアの中国への接近を強め、経済制裁がそれを加速したことを示す。第3に、経済制裁を巡るEUとアメリカの齟齬が、ロシア、中国にとってのユーロの魅力を相対的に高め、意図せざる結果として、ロシア、中国、EUの利害が一致し、ユーロの役割が局地的に高まっていることを明らかにする。

第1節　中国とロシアはEUの最重要貿易パートナーである

EU27（以下、EU）にとって、中国は、イギリスやアメリカと並ぶ最大の貿易パートナーの1つであり、輸入の18・7％、輸出の9・3％を占めている。ロシアは、EUの輸入の7・5％、輸出の4・1％を占める5番目の貿易パートナーである（図表1、以下2019年）。中国にとっても、EUは最も重要な市場である。EUは、中国の輸出の14・6％を占め、アメリカの16・9％に次ぐ。輸入では12・3％とアメリカの6％よりもはるかにシェアが大きい。加えて、米中貿易戦争が生じていることを考えれば、中国にとってEU市場の重要性はさらに高まるかもしれない。

EUが中国から輸入している製品は圧倒的に工業製品（96・4％）だが、特に電子情報処理・事務機器（11・8％）、通信機器（16・5％）が31％を占めており、これらの製品のEU域外からの輸入の6割を中国に頼っている。EUから中国向けの輸出品の大半も工業製品だが（85・1％）が、特に自動車（14・9％）と非電気機械（15・7％）が多い。EUの対中貿易赤字は拡大しており、2019年に1637億4600万ユーロ（1932億2000万ドル）に達し、これをいかに解消していくかが重要な課題となっている。

図表1　EUの貿易相手国トップ5および日本（2019年）

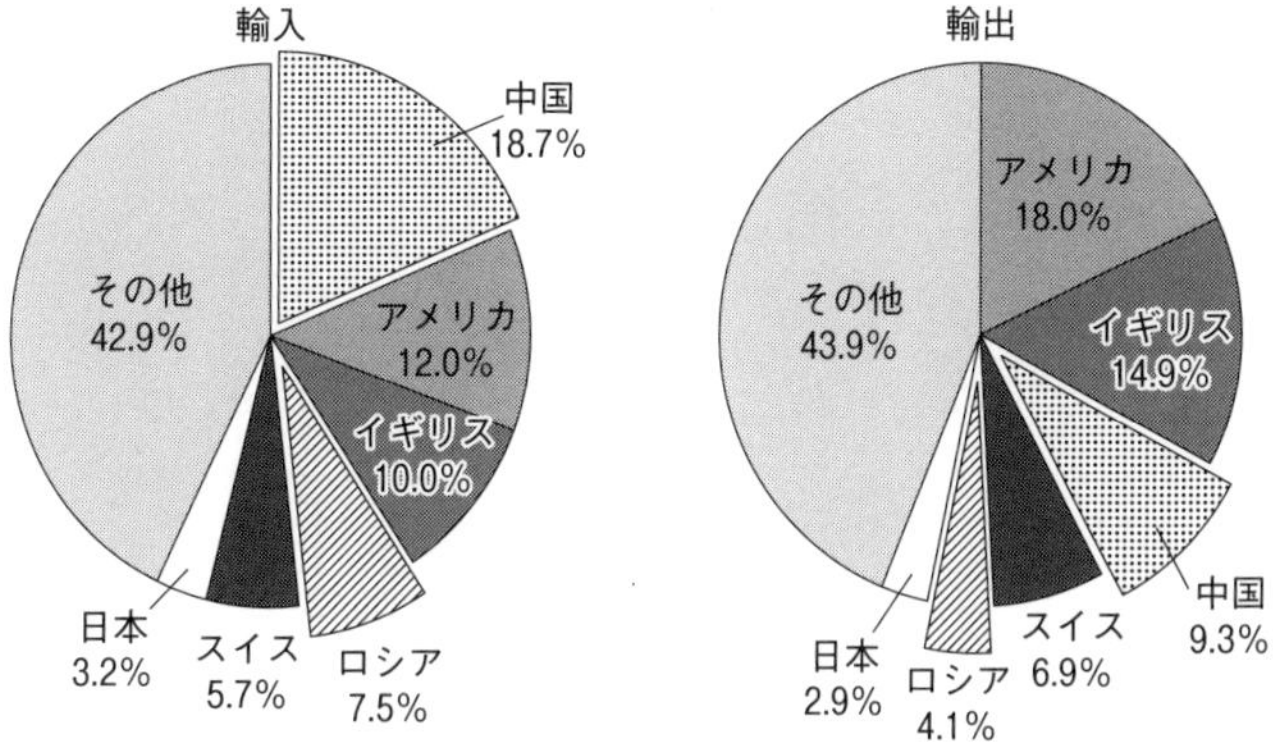

（出所）Eurostatより作成。

ロシアにとっても、ＥＵは最大の市場である。２０１４年まで、ＥＵは、ロシアの輸出の50%前後、輸入の40%弱を占めていた。その後、ＥＵのシェアは低下しているものの、２０１９年時点でも、ロシアの輸出の約42%、輸入の約35%である。石油、天然ガス、アルミニウムなどの燃料・鉱物製品は、ロシアの対ＥＵ輸出の74・４%を占めており、これはＥＵ域外からの同製品の輸入の４分の１に相当する。ＥＵの対ロシア向け輸出の大半（89%）は、工業製品で、特に化学品（22・６%）、自動車（９・５%）、非電気機械（16・８%）が多い。

このように、貿易構造は非対称的ながら、ＥＵとロシアは相互に依存している。ＥＵにとってエネルギーや資源の確保という点でロシアの重要性は高く、一方で国家財政の約４割を資源に頼るロシアにとってＥＵ市場は死活の重要性を持っている。ＥＵは、対ロシア貿易においても５６７億１１００万ユーロ（６６９億１９００万ドル）の貿易赤字である。

このように、EUにとって、中国とロシアは、その意味合いは異なるが、アメリカと並ぶ重要な貿易パートナーであり、かつEUは両国に対して巨額の貿易赤字を抱えている。

近年、中国とロシアは、政治・経済の両面で急接近している。それは、しばしば「便宜的結婚(marriage of convenience)」と揶揄されるが、後述するように、両者の関係は、特に2014年のウクライナ危機をきっかけとしたロシアのクリミア半島併合とそれに対する欧米の経済制裁以降、着実に深まっている。そして不思議なことに思われるかもしれないが、中ロ間貿易においてユーロの役割が急速に高まり、それはエネルギー貿易の決済にも広がり始めている。その理由について、考えていこう。

第2節　なぜロシアは中国に接近するのか?

ロシアが東方シフトというアジア重視の政策に転換し、特に中国に接近し始めた背景には、以下に示すように主に2つの理由がある。

台頭するアジアとロシアの東方シフト

第1に、アジアの新興国の台頭とそれに伴うエネルギー需要の変化である。特に2000年代以降、日本、韓国から中国、ASEANに中間財が輸出されるだけでなく、ASEAN域内、中国・ASEAN間においても中間財取引が拡大し、東アジアにおける域内分業が深まり、かつ最終需要地が先進諸国から中国へとシフトした。これに伴い、エネルギー市場としてのアジアの重要性が高まった。１９９０年まで1次エネルギー需要は、ヨーロッパ地域[1]がアジア太平洋地域を上回っていたが、その後、前者の需要が横ばいであったのに対して、後者の需要は急増し、今やヨーロッパの3倍以上になっている。

石油、天然ガス、石炭など化石燃料に依存し、また経済構造の近代化のための技術を必要とするロシアが、アジア市場を重視し始めるのは当然の選択であろう。ロシアは、２００３年に公表したエネルギー戦略においてアジア太平洋地域向けの石油・天然ガス輸出を拡大する方針を示し、２００６年末以降、２０１２年のウラジオストクAPEC開催を目途に極東地域開発を開始した。いわゆるロシアの東方シフトの試みが始まったのである。

EUエネルギー政策の急速な発展

第2に、２００６年、２００９年のウクライナとロシアのガスパイプライン紛争を契機として、EUのエネルギー政策が飛躍的に発展し、EUの対ロシア交渉力を高めたことである（これは、欧州グリーン・ディールへとつながる）。天然ガスの多くはパイプラインで運ばれるため、流動性の高い石油市場と異なり、その地理的配置の影響を受けやすい。ソ連崩壊の結果、ロシアからEU向けの天然ガスの８割以上が、政治・経済的に不安定なウクライナを通過するパイプライン経由となり、両国が価格で折り合わなかったことから、ヨーロッパ向けガス供給に支障が生じた。欧州委員会も認めているように、ガス供給「途絶はロシアのガスプロムとウクライナのナフトガスとの商業上の問題」であるが、ＥＵが「犠牲となった」。

ＥＵは、ガス紛争をきっかけとして、ＥＵレベルのエネルギー政策を強化しようとする包括的戦略を打ち出し、同時にエネルギー市場統合を進めた。これは、２００９年に批准されたリスボン条約の１９４条と第三次エネルギー法令パッケージに結実する。前者は、ＥＵが⑴エネルギー市場を機能させること、⑵エネルギー供給の安定、⑶エネルギー効率改善と再生可能エネルギーの促進、⑷エネルギー・ネットワークの相互接続の強化という４つの分野において、欧州委員会がエネルギー政策を主導する法的条件を整え、後者は、エネルギー市場の自由化の徹底を求めるものであった。

ロシアとＥＵの天然ガス貿易は、長きに渡って仕向地条項（転売禁止）、テイク・オア・ペイ条項（支払い義務）、石油価格連動に基づく長期契約に基づいており、これが資源開発と安定供給、つまり売り手のロシアと買い手のＥＵの利害を一致させる制度だった。ところが、ＥＵの市場統合は天然ガスにも及び、液化天然ガス（ＬＮＧ）輸入の拡大やシェール革命の影響もあって、ヨーロッパでもＴＴＦ（オランダ）、ＮＢＰ（イギリス）、ＣＥＧＨ（オーストリア）などのガスハブにおけるスポット取引や先物取引が拡大した。これを背景に、ＥＵはロシアに仕向地条項の撤廃、パイプラインへの第三者アクセス、値下げを迫り、ＥＵ市場に依存しているロシアは、その変化に適応せざるを得なかったのである。

ＥＵ市場を確保しつつ東方シフトを推進

こうしてロシアは、ＥＵ市場依存を見直し、輸出先を多角化する必要性を痛感した。ロシアは、東方シフトと呼ばれるアジア重視の政策を推進し始めた。ロシアは、２００６年に東シベリア・太平洋石油パイプライン（ＥＳＰＯ）の建設に着手し、２００７年には「中国およびアジア太平洋諸国向け輸出を考慮した東シベリア極東地域における天然ガス統一生産・輸送・供給システムプログラム（東方ガスプログラム）」を公表した。

ウクライナとロシアのガスパイプライン紛争により、ウクライナ経由のヨーロッパ向けガス輸送が２週間にわたり停止した２００９年は、偶然にもロシアの東方シフトが具体化される転換点であった。この年、ＥＳＰＯ第１期工事が完了し、アジア向けに石油輸出が始まった。２０１１年には中国大慶市への支線が、２０１２年末には第２期工事が完了し、アジアに石油を輸出するための基幹パイプラインが全線開通した。これまで、ロシアの石油輸出設備は、ほとんどすべてヨーロッパ向けだったが、ＥＳＰＯの稼働により４分の１をアジア太平洋向けに輸出することができるようになったのである。また、サハリンからのＬＮＧ輸出も開始された。

同時に、ロシアにとってＥＵ市場のシェアを確保することが重要であることも忘れてはいけない。２００９年末に、ウクライナを迂回しバルト海海底を通ってロシアとドイツを直結する天然ガスパイプライン（ノルドストリーム）の建設が着工され、２０１１年末に稼働を開始した。

第3節　対ロシア経済制裁と欧米の齟齬

ウクライナ危機と欧米が足並みをそろえた対ロシア経済制裁

２０１３年11月、ウクライナ政権は、ＥＵとの連合協定締結を延期し、ロシアから１５０億ドルの融資と天然ガス価格の３割値下げを取り付けた。ところが、これに抗議する活動が急速に広がり、２０１４年２月の争乱後、３月にロシアはクリミアを併合した。

これに対して、欧米はロシアに制裁を科した。当初は、クリミア関連の投資・貿易の禁止、個人・企業に対する入国制限や資産凍結であったが、同年７月に生じたウクライナ上空でのマレーシア航空機撃墜事件を転機として、ＥＵとアメリカは、ほぼ足並みをそろえて、エネルギーに依存するロシア経済の弱点を突く形で、「将来的に石油生産ポテンシャルのある」分野をターゲットとした本格的な経済制裁に乗り出していった。

対ロシア制裁は、アメリカの場合、財務省外国資産管理室（OFAC：Office of Foreign Assets Control）によるセクター制裁（SSI：Sectoral Sanctions Identifications）と特定指定国籍者（SDN：Specially Designated Nationals and Blocked Person）に基づいて実施されている。ＥＵの場合は、

「ウクライナの状況を不安定化させるロシアの行動を考慮した制限措置に関する規則 No.833/2014」に基づいて行われている。

同年7月末、アメリカは、軍事関連産業やクリミア関連ばかりでなく、ロシア国営系銀行（開発対外経済銀行［VEB］、対外貿易銀行［VTB］、ガスプロムバンク、ロシア農業銀行、モスクワ銀行）に対する90日を超える新規融資を禁止し、大水深（500フィート以深）、北極海、シェールオイル開発のための技術製品の輸出を禁止した。EUも、大水深（152m以深）、北極圏、シェールオイル開発の技術製品を禁輸にした。また、2013年に予定されていたEBRDの融資約6億ユーロ、EIBの融資約10・5億ユーロも凍結された。

同年9月、禁輸措置は、資源開発にかかわる役務（サービス）の提供にまで拡大された。これによって、エクソン・モービルは、8月にロスネフチと協力して進めていたカラ海の試掘から撤退を余儀なくされた。また、EUは、30日を超える譲渡性のある有価証券の取引を禁止した。ロシアの主要エネルギー関連企業（ロスネフチ、トランスネフチ、ガスプロムネフチ、ルクオイル、ノヴァテク、スルグトネフチガス）が、金融制裁あるいは技術制裁の対象となった。

この段階では、天然ガス分野が制裁の対象となっておらず、またEUでは、石油開発についても制裁実施前の契約については制裁対象としないグランドファーザー条項が適用されている。これは、石油の約3割、天然ガスの約4割をロシアに依存するEUの状況を考慮したものだと考えられる。

2000年代以降、油価高騰を背景に、エネルギー企業は欧米の金融市場での新規株式公開（IP

〇）に頼り、外資に依存しながら経済成長を達成してきたロシアにとって、金融制裁は大きな打撃となった。ロシア中央銀行によれば、２０１４年の1年間だけで１５２１億ドルが流出した。また、ロシアにとって、石油生産の拡大が期待できるのは、東シベリア、サハリン、北極海大陸棚、西シベリアのシェール層であり、これらの開発が遅れることとなった。

さらに、２０１４年12月、アメリカは、大統領判断で外国企業の制裁対象としうるウクライナ自由化支援法を制定した。

一方、ヨーロッパでは、２０１５年2月に、ドイツ、フランス、ロシア、ウクライナ間で新たな和平案としてミンスク合意2が成立し、これを実現することがＥＵの制裁解除の条件となった。とはいえ、この合意は、ウクライナ東部の2州（ドネツクとルハンスク）の自治権を認めた憲法改正が条件となっており、その実現は難しく、ＥＵは、今日に至るまで半年ごとに制裁を延長して今日に至っている。

このように、アメリカとＥＵの対ロシア経済制裁には当初から異なる点があるものの、２０１４年3月から２０１５年7月、つまりのロシアによるクリミア編入からウクライナ東部への軍事介入に至る時期までは、ＥＵは、基本的にアメリカと手を携えて、一致してロシアに対する経済制裁を強化していったことが確認できる。

制裁を巡る欧米の齟齬

ところが、その後、アメリカとEUの足並みは乱れていった。アメリカでトランプ政権が誕生し、大統領選時のロシアとの共謀疑惑「ロシア・ゲート」が生じると、２０１7年8月、アメリカは、イラン、北朝鮮とともにロシアを「制裁によるアメリカ敵性国家対抗法（CAATSA：Countering America's Adversaries Through Sanctions Act）」の対象とし、対ロシア制裁強化法（Counting Russian Influence in Europe and Eurasian Act of 2017）を制定した。これにより、国営系銀行に対する金融制裁期間が30日超から14日超に、エネルギー企業については90日超から60日超へと厳しくなった。また、議会の承認なしに制裁を解除することはできなくなった。さらに、ショール開発に関わる製品提供は、ロシア領内だけでなく、ロシア領外であっても対象企業が参加する場合は制裁対象となる。エネルギー輸出パイプライン建設への投資や製品の提供、および民営化への参加が、アメリカ企業だけでなく、外国企業にも課せられた。これは、ロシアとともにパイプライン建設に携わっているヨーロッパ企業も制裁対象となりうるものである。この制裁強化は、EUの強い反発を受けたため、制裁発動の際には「同盟国と協調」することとなった。

だが、これ以降、アメリカの対ロシア制裁は、EUとの調整なしに、独自に進んでいった。２０１5年6月、シェルとガスプロムは、サハリン3鉱区で発見された南キリンスキー鉱床の資産スワップに合意したが、8月、アメリカはこれを輸出規制対象に加えた。この鉱床は、制裁対象外のガス田であるにもかかわらず、アメリカは「相応の液分（コンデンセート）の生産が見込まれるため」として制裁対象とした。天然ガス生産は、一般的にコンデンセートを伴うものであり、この法解釈の変更は、今後、北極海や大深水で行われるガス開発プロジェクトがアメリカの制裁の対象となりうることを意味している。これはロシア企業と協力しているEU企業の利害に反する。

２０１８年４月、アメリカは、ロシア経済の中核を担うオリガルヒ（新興財閥）26名、およびデリパスカ傘下の投資会社En＋と世界第2のアルミ生産企業ルサール（後に解除）、電力会社ユーロシブエネルゴをSDNリストに加えた。この追加制裁で、ルーブル相場は20％下落し、後述するように、これをきっかけにロシアは米国債を大量売却した。

この時期、対イラン政策でも、アメリカとEUの亀裂が広がった。イランの核開発問題については、国連決議第２２３１号で承認されたEU＋３（イギリス、アメリカ、EU、中国、フランス、ドイツ、ロシア）とイランの包括的共同行動計画（JCPOA）に基づいて協力が進められていたが、２０１８年５月、アメリカはJCPOAを離脱し、独自に対イラン制裁を再開した。同年11月にイランはSWIFT（Society for Worldwide Interbank Financial Telecommunication、国際銀行間金融通信協会）への接続を遮断され、バーター（現物）取引に頼らざるを得なくなった。

アメリカの対応に対して、EUは、8月、イランに対するアメリカの制裁に従うことを実質的に禁じる「障壁規則」（Regulation（EC）No.2271/96）を拡張し、直接イラン中央銀行に一定の石油関連支払を支援する意思を公表した。２０１９年1月には、E３（フランス、ドイツ、イギリス）が、貿易取引支援機関（INSTEX: Instrument for Supporting Trade Exchanges）創設に関する共同声明を行った。ＩＮＳＴＥＸは、「ソブリン・シールド（国家による防御）」により、アメリカの制裁を回避し、ヨーロッパ企業がイランとビジネスを行い、米ドル以外、およびＳＷＩＦＴ以外の貿易決済を促進するための特別事業体である。２０２０年3月には、ＩＮＳＴＥＸを通じた初の貿易取引が実現し、ＩＮＳＴＥＸとイラン側の特別貿易金融機関（ＳＴＦＩ）は、取引拡大とメカニズムの強化について協議を続けている。インドも、ＩＮＳＴＥＸと類似した仕組みでイランから原油を輸入している。

２０１８年7月、8月、9月とアメリカは、対中国関税を3段階に渡って引き上げ、米中貿易戦争という事態が生じていることも付け加えておこう。

さらに、アメリカは、２０１９年12月に、２０２０年国防授権法と抱き合わせて、ノルドストリーム2やトルコストリーム、あるいは後継パイプラインの敷設に関わる船舶、販売・リース等を禁止した。これにより、ノルドストリーム2とトルコストリームのパイプライン敷設を請け負っているAllseass社（スイス）は、ノルドストリーム2の敷設が94％完了しているにもかかわらず、作業を停止した。ノルドストリーム2には、ＥＮＧＩＥ（フランス）、ＯＭＶ（オーストリア）、シェル（オランダ）、Uniper（ドイツ）、Winteshall DEA（ドイツ）が出資しており、この制裁はヨーロッパ企業の利害に反する。また、イランやベネズエラに対するアメリカの制裁は、ロシアの開発事業にも飛び火している。

さらに、アメリカ上院では、「越えてはならない一線を設定することによって選挙を脅威から守る法案（DETER）」、「クレムリンの攻撃からアメリカの安全保障を守る法案（DASKA）」が準備されている。8月にはロシアの反体制派ナワリヌィ氏の毒殺未遂疑惑が生じ、アメリカの制裁はさらに強化されていくかもしれない。

加えて、中国との関係では、2019年9月に対中関税第4弾を実施、2020年に入るとHUAWEIとZTEを安全保障上の脅威と認定し、アメリカ商務省安全保障局による事前許可制を導入した。2020年7月には、アメリカで香港自治法が成立、中国の金融機関に対する制裁が可能になった。

今やアメリカの制裁の影響は世界中に広まっている。こうした中で、制裁の対象となる国々が対策を講じるのは当然のことだが、ヨーロッパでも、アメリカの一方的な決定から経済主権（economic sovereignty）を守る必要があるとの議論を巻き起こった。アメリカが、こうした経済制裁を行使できるのは、まさにドルが支配的地位にあるからこそだが、2020年1月18日付けの『エコノミスト』誌は、次のようなタイトルの興味深い記事を掲載している。

「ドルの退位　アメリカの積極的な制裁利用は、ドル支配を危うくする。ライバルも同盟国も他の選択肢を検討している」。

プーチン露大統領に言わせれば、アメリカはドルを「政治的武器」として利用している。「我々はドル離れを目指しているのではない。ドルが我々を見捨てているのだ」。こうした状況下で、ロシアが脱ドルを模索し、EUがユーロの役割を強化しなければ、と考え始めるのは自然な成り行きであろう。そして、制裁対象国にとって、ユーロがドルよりも魅力的に見え始めたとしても不思議なことではない。

第4節　ドル依存のロシア

ロシアの体制転換とドル化

ソ連崩壊後の1990年代、ロシアは、IMFのコンディショナリティと呼ばれる融資条件を受け入れながら資本主義経済への体制転換を進めた。国家独占であった貿易は、ほぼ全面的に自由化された。きれいにパッケージされた西側の消費財が大量に流入し、野暮ったい国産品は全く売れなくなり国内製造業は壊滅状態に陥った。生き残ったのは、石油、天然ガス、アルミニウムなどの資源産業だけであった。結果として、ロシアは資源価格に左右される脆弱な経済構造となってしまった。ハイパーインフレとGDPが半減するほどの体制転換不況の最中、金融市場が未発達であったロシアにおいて、厳しい通貨発行抑制が行われ、1993〜1996年の4年間でM2（現金、国内銀行等に預けられた預金）は2分の1に、企業資金は5分の1に減少した。このため、企業間決済ができず、バーター取引が蔓延した。1995年から短期国債の市中消化による赤字補填が行われ、翌年からは外国投資家（非居住者）にも開放され、高利回りの国債市場が内外の投資を引きつけ金融市場は活況を呈したが、実体経済の資金は枯渇し、国家財政は返済と国債発行を繰り返す自転車操業に陥った。その結果、ロシアは、1998年に金融危機に陥りデフォルトした。ルーブルの対ドル相場は、1992〜1998年半ばまでに実質で5分の1に減価し、ルーブルの信用は地に落ち、年間200億ドルもの資本逃避やドル預金が常態化し、ドル現金が流通するドル化が進行し、その影響は現在も続いている。

ドル建てで取引される資源への依存とその帰結

ロシアの主たる貿易相手はEU諸国であり、ロシアの輸出の4割以上を占め、その7割以上が、石油、天然ガス、石炭などのエネルギー資源やアルミニウムである。これらは、主にドル建てで取引される。2000年代、資源の採掘税と輸出関税が政府歳入の約50%、その後は油価下落の影響で約40%と減少しているが、ロシアは、国家財政そのものがドル建てで取引される資源に依存しているのである。

石油をはじめとする戦略商品のドル建て取引の契機となったのは、1974年のアメリカとサウジアラビアの合意である。サウジアラビアは安全保障と引き換えにドル建てで石油を輸出し、オイルダラーは米国債に投資された。これは、翌年、OPECに広がり、やがて余剰ドルが米国債として還流するスキームが世界的に広がっていった。

原油価格は、ブレント、WTI、ドバイ、ウラルなどの価格をベンチマークとして決定される。これらは、ヨーロッパで主要なブレントを含めてドル建てが支配的である。エネルギー派生商品の契約は、先渡し（forward）、先物（future）、オプション、スワップなど証券市場で取引される。例えば、ブレンド原油先物は、ロンドン国際石油取引所を買収したインターコンチネンタル取引所（ＩＣＥ）で、ＷＴＩ先物はニューヨーク・マーカンタイル取引所（ＮＹＭＥＸ）において取引される。さらに、石油貿易においてドルが支配的なのは、カタール、サウジアラビア、ＵＡＥなど産油国の通貨がドルにペッグしていることに加えて、ＩＣＥやＮＹＭＥＸにおける先物取引が米ドルを選好していることにも関連している。このため、Platts などエネルギー・資源の価格情報配信会社の役割が極めて大きい。天然ガスの価格も、長く油価連動であり、ドル建て契約が圧倒的であった。

経済制裁と油価下落が相まってルーブルは暴落した。ロシアは、管理フロート制を維持できなくなり、２０１４年11月から完全な変動相場制に移行した。ルーブルは、２０１４年初めの１米ドル＝33ルーブルから、２０１６年初めには86ルーブルまで大幅に下落した。こうして、長くドルを頼りにしてきたロシアは、経済制裁に対処し、ドルに依存しない「脱ドル」、少なくとも依存しすぎないようにする「ドル離れ」の策を考えざるを得なくなっていった。

第5節　対ロシア経済制裁とロシアの中国への接近――警戒から依存へ

ここで、ロシアと「人民元の国際化」を目指す中国との思惑が一致する。既にロシアは、徐々にアジア市場に参入するインフラの整備を進めつつあったが、2014年のウクライナ危機は、この動きを加速する役割を果たした。欧米の制裁に対抗するかのように締結されたのが、ロシア国営企業ガスプロムと中国石油天然気集団公司CNPCとの長期ガス契約である。これは、2014年5月、プーチン大統領の訪中の際に、同大統領と習近平主席の立ち会いの下で調印され、2018年から30年間、年間最大380億㎥の天然ガスを供給する空前の大型契約であった。中ロをつなぐための建設されるパイプラインは「シベリアの力」と名付けられ、2019年12月に稼働した。

2013年まで、ロシアは、中国との協力には慎重だった。1994年以来、エネルギー純輸入国に転じた中国は、紛争時に中東やアフリカからの石油供給がアメリカによって遮断されるのでないかと恐れ、西シベリアからのパイプライン建設を望んだが、ロシアは関心を示さなかった。2001年、石油会社ユコスが中国へのパイプライン建設について協議を始めたが、社長のホドルコフスキーは脱税疑惑で逮捕され、ユコスは解体されてしまった。ロシアは、中国企業の資源開発への参加を非公式に制限し、大型インフラ事業や自動車生産への参入には反対していた。

ロシアの政策を根本的に変えたのが、ウクライナ危機だった。ヨーロッパのエネルギー市場への依存、欧米資本市場への依存、掘削やLNGプラントの技術の西側依存という3つの弱点を抱えるロシアは、中国に頼るしかないとの結論に至った。中ロの新たな関係構築は速かった。2014年5月のプーチンの上海訪問時に46文書、10月の李克強首相のモスクワ訪問時に38文書、11月北京でのAPEC会議の際に17の協定が調印された。また、ロシア中央銀行と中国人民銀行が、1500億元の通貨スワップ協定に調印した。これは、金融制裁、ルーブル暴落、原油価格低迷でドル調達が困難になっていたロシアを救った。ロシアは、2016年に創設されるアジアインフラ開発銀行（AIIB）への参加をためらっていたが、参加を決意し、中国、インドに次ぐ出資国となった。

特筆すべきは、2018年12月にロシアのヤマル半島でLNGの商業生産が開始されたことである。この開発を手がけるノヴァテク社は民間企業だが、「プーチンの友」と呼ばれるそのオーナーのチムチェンコがアメリカの制裁対象となり、ドル融資が禁止され、欧米の金融機関が関与できなくなり、一時頓挫しかけた。これを救ったのが、中国のシルクロード基金であった。その結果、権益構成は、CNPC（中国）20%、シルクロード基金（中国）9・9%、トタル（フランス）20%、ノヴァテク50・1%となった。加えて、日揮、千代田化工建設等がプラント建設を請け負い、これに国際協力銀行（JBIC）が融資している。ヤマルLNGは、経済制裁下にもかかわらず、ロシア・EU・中国・日本の国際共同プロジェクトが実現しうることを示したのである。

このように、経済制裁は、意図せざる結果として、ロシアに中国に頼る決断を迫ると同時に、欧米の足並みの乱れを顕在化させた。

今や、ロシアにとって中国は、輸出の13％、輸入の22％を占め（２０１９年）、エネルギーの輸出先としてだけでなく、ロシア経済の近代化にとっても重要な貿易パートナーである。ロシアのエネルギー資源（ＨＳ27：鉱物性燃料及び鉱物油並びにこれらの蒸留物、歴青物質並びに鉱物性ろう）の輸出先を見ると、２０００年時点で中国はわずかに１・07％、ドイツが12・83％であったが、２０１８年には、中国が16・19％、ドイツが８・06％と様変わりしている。ロシアの建設機械、工作機械、事務用機器を含む産業用機械・設備（ＨＳ84：原子炉、ボイラーおよび機械類並びにこれらの部分品）の輸入を見ると、２０００年時点で、中国はわずかに１・03％、ドイツが25・５％であったが、２０１８年には、中国23・06％がドイツの20・８％を上回っている。このように、ロシアにとって、今や中国は、ドイツと並ぶ最重要な貿易パートナーとなっている。

第６節　「脱ドル」を模索するロシア――中国、ＥＵとの利害の一致

米国債の大量売却と外貨準備の見直し

２０１８年４月のアメリカの追加制裁でルーブル相場は20％下落した。これに対して、ロシアは、長期米国債を売却し、その保有量は、３月時点の１０００億ドルから５月末には１４９億ドルまで急

図表2　ロシア中央銀行の外貨準備構成の変化

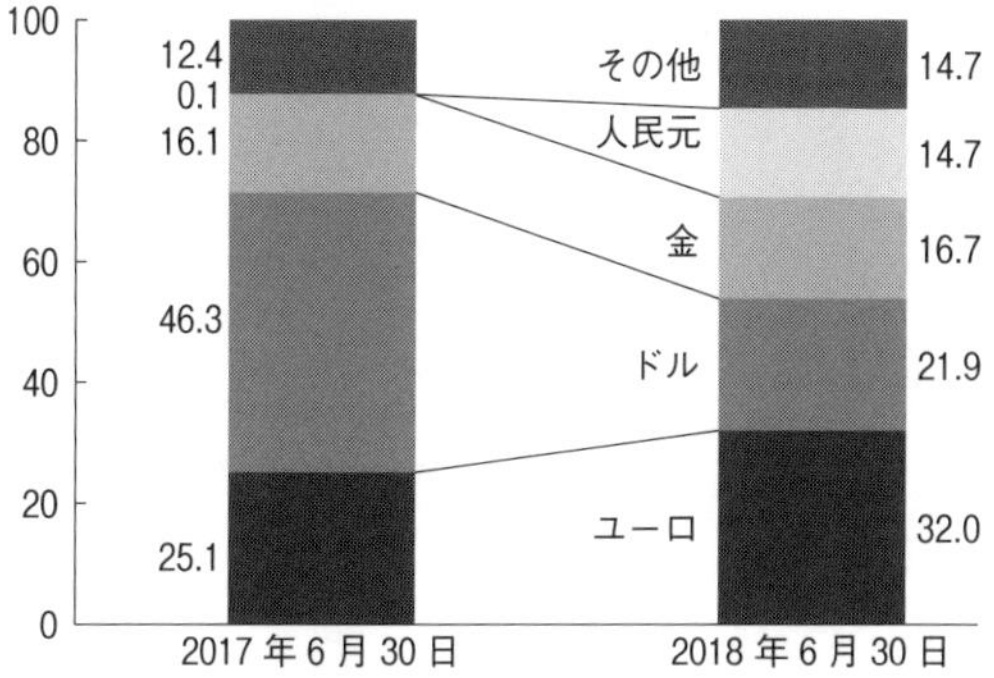

（出所）ロシア中央銀行。

図表3　金備蓄を増やす中国とロシア

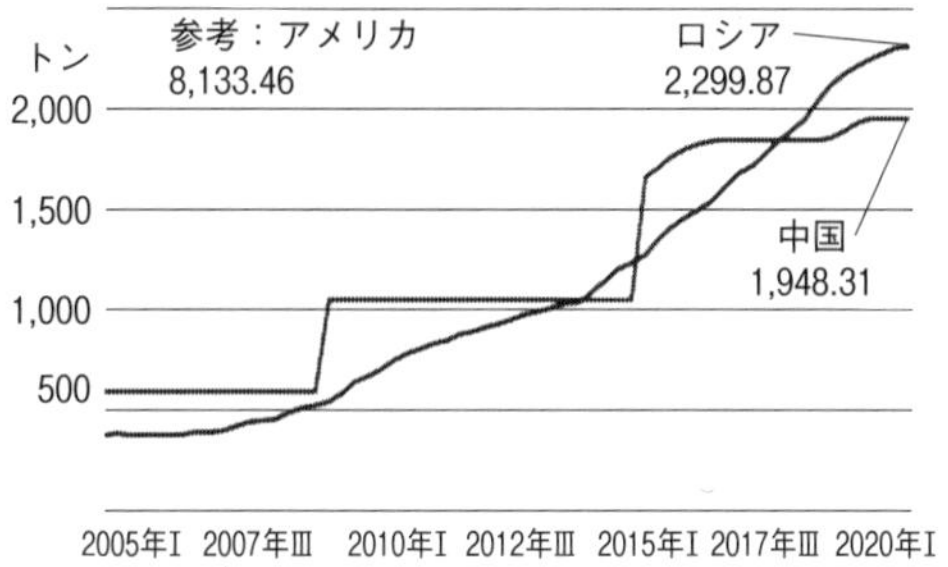

（出所）World Gold Council.

減した。アメリカの追加制裁が次々と打ち出される中で、防衛策としてロシア中央銀行は、外貨準備の根本的見直しをせざるを得なくなった。２０１７年６月30日から２０１８年６月30日のあいだに、ロシア中央銀行は１０００億ドルを金、ユーロ、人民元に変更した（図表２）。この結果、２０１７年６月30日時点で外貨準備の46・３％を占めていたドルは、１年後には

21・9%に急減した。対照的に、ユーロは25・1%から32・0%に増加し、0・1%しかなかった人民元は14・7%へと激増した。

２００８年末〜０９年の世界的金融危機以降、10年間で中国が３・２倍、ロシア４・３倍と金保有を急速に増やしてきたことを補足しておこう。アメリカ（８１３３ｔ）やドイツ（３３６３ｔ）には及ばないが、中ロをあわせればアメリカの半分以上に達している（図表3）。

中国・ロシア間、EU・ロシア間の貿易決済の脱ドル化＝ユーロ化の進展

中ロ間の貿易決済通貨の構成は急激に変わりつつある。２０１８年第１四半期の段階では、ロシアの対中国輸出決済において、ドルが87・８%と圧倒的に多く、ユーロはわずか０・７%であった（図表4）。しかし、わずか1年後の２０１９年第2四半期になると、ドル決済の割合は33・５%に激減し、ユーロ決済が53・１%と過半を占めた。２０１９年第３四半期にユーロ決済の比率は若干低下したが、別の資料によれば２０２０年第１四半期には50%近くを維持している。人民元、ルーブルによる自国通貨決済は、当初、期待されたほどには伸びていないことがわかる。人民元に比べてユーロのハードカレンシーとしての価値は高く、ルーブルの信用は低く、過度な中国依存を避けたいロシアはユーロを選好した。アメリカとの貿易紛争の最中にある中国にとっても、ユーロは相対的に好ましい選択肢であった。

また、アメリカの影響下にあるＳＷＩＦＴからの排除を恐れるロシアは、既に中国のクロスボー

図表４　ロシアの対中輸出決済通貨構成の変化

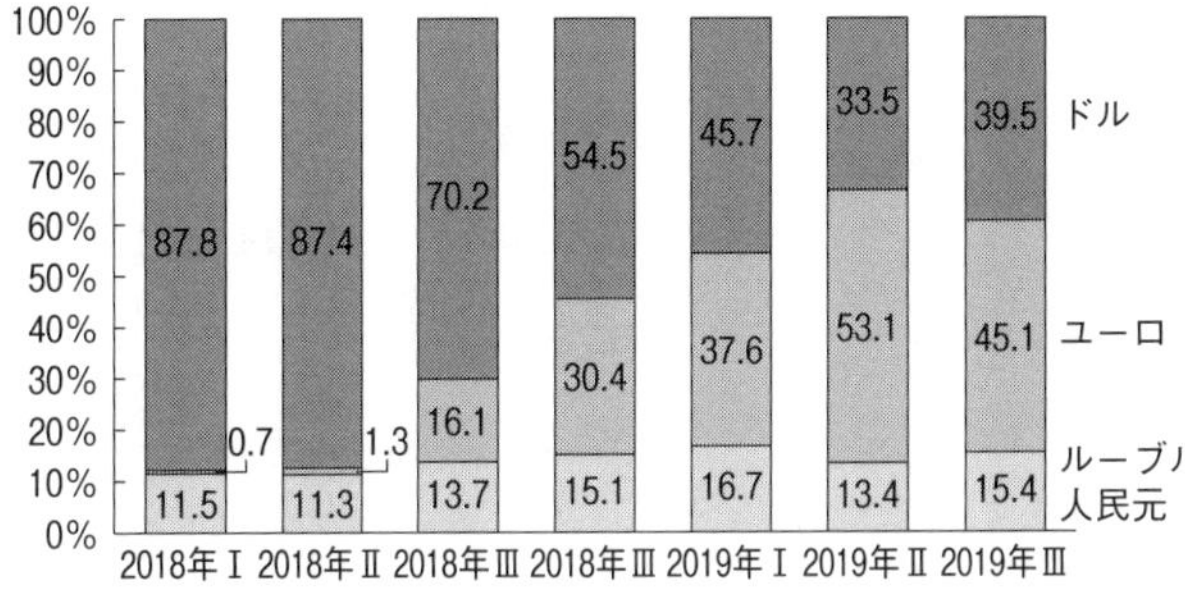

（出所）ロシアRBK紙、2020年２月３日。

ダー人民元決済システムＣＩＰＳ（RMB Cross-Border Payment System）に参加している。さらに、２０１８年末以降、ロシアは、独自の国際決済システム（SPSF[2]：Service for Transfer of Financial Messages）構築に着手し始めた。これらは、まだＳＷＩＦＴとは比べるべくもなく小さなものにすぎないが、もう１つの選択肢作りが始まっていることを見落とすべきではないだろう。

ロシアにとって、ＥＵが最大の貿易相手であることを考えれば、ユーロ決済は有益な選択肢である。既にロシアからのＥＵへの輸出の多くがユーロ決済になり、ドル決済の割合が低下している（図表５）。ロスネフチがユーロ建ての石油輸出契約に切り替え始めた影響が大きい。天然ガス価格が伝統的に石油価格連動であり、またヨーロッパのガスハブではユーロ建て取引が活発化していることを考えれば、近い将来、天然ガス輸出もユーロ化するだろう。

ロシアのＥＵからの輸入決済では以前からユーロの役割が大きく、またルーブルも一定程度利用されている。

図表５　EU・ロシア間の貿易決済通貨構成の変化

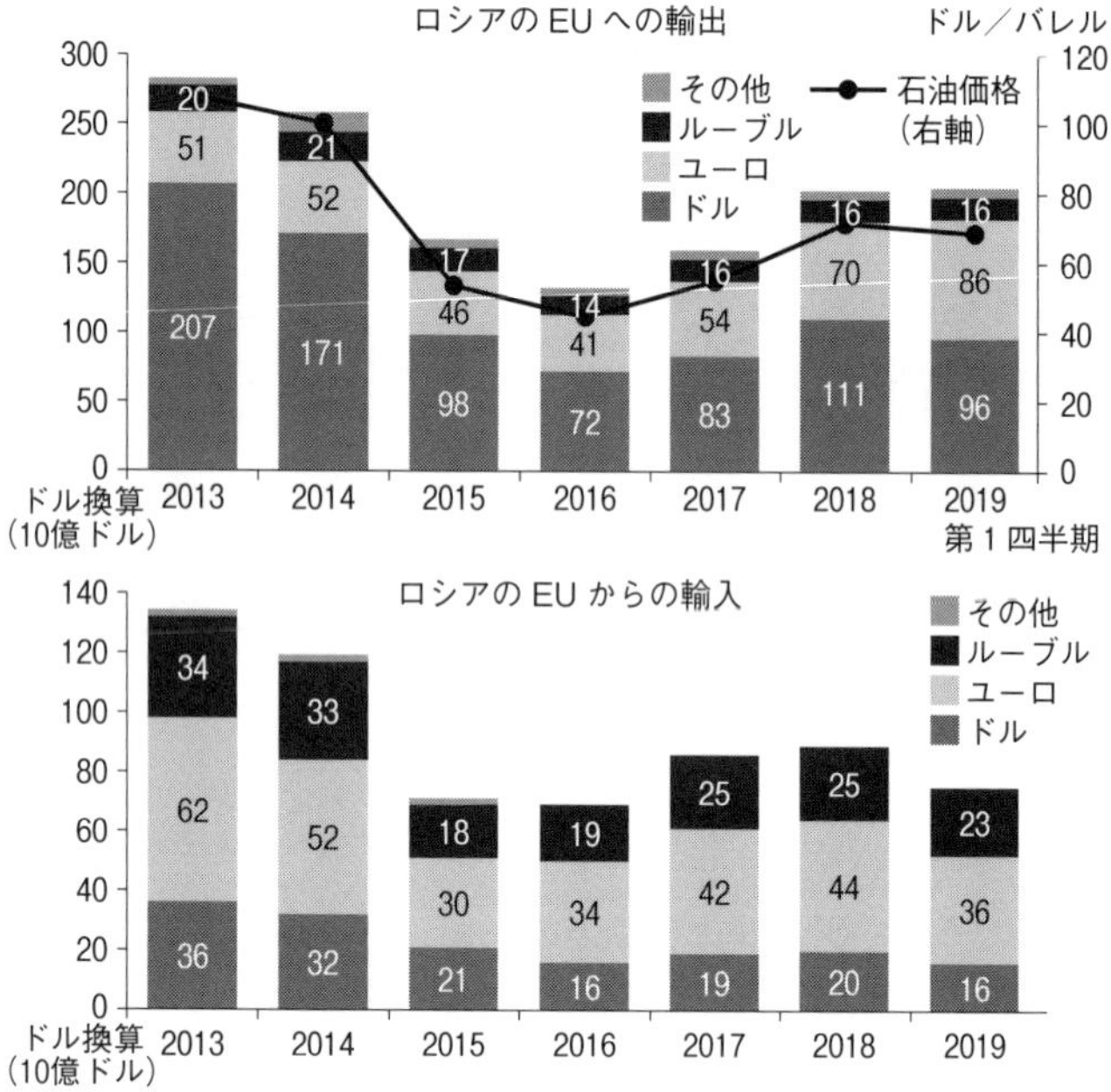

（出所）Dolgin (2019).

なお、ルーブル決済は、ＥＵや中国とのあいだでは限定的だが、ユーラシア経済連合[3]においては支配的であり、またインドとの貿易においても部分的に利用され始めている。

石油取引の脱ドル化＝ユーロ化の試み

２０１９年第１四半期の時点でも、ロシアの財・サービス輸出の62％はドル建てであるが、これはロシアの輸出の60～70％がドル建てで行われているエネルギー資源だからである。

ここで、２０１８年12月初旬にＥＵが公表した政策文書

「ユーロの国際的役割の強化を目指して」と同時に示された「エネルギー分野におけるユーロ利用の拡大に関する勧告」とスタッフ・ワーキング・ドキュメント「エネルギー分野におけるユーロの国際的役割を促進する」について見ておきたい。なぜなら、制裁対象となっているロシアとイランは、いずれも豊富な石油と天然ガスの埋蔵量を誇るエネルギー大国だからである。EUにとって、ロシアは既に半世紀以上も重要なエネルギー供給国であり、イランは潜在的に有望な資源確保先としてEUのエネルギー戦略文書に記されている。アメリカがノルドストリーム2（ドイツとロシアを直結するガスパイプライン）に制裁を科すのは、ヨーロッパ市場にアメリカ産LNG（液化天然ガス）を売り込みたいとの思惑があるとの指摘さえある。事実、2018年7月のユンケル欧州委員長（当時）とアメリカのトランプ大統領の会談以降、EUのLNG輸入に占めるアメリカの割合は急増し、2017年の4％から2019年には16％に達している。

ロシアやイランに対する制裁を巡る欧米の齟齬が顕在化するのは、2017年から18年にかけてであり、EUではアメリカの一方的な制裁の影響に対してどのように経済主権を確保するかが議論され始めた。2019年が、ユーロ導入20周年であることを考えれば、2018年12月初旬にユーロの国際的役割の強化に関する政策文書が出て来ること自体は不思議なことではない。しかし、その中身を詳細に見てみると、制裁を巡るアメリカとの齟齬が反映していることがわかる。

政策文書は、ヨーロッパ金融市場、国際金融市場、主要な戦略的部門の3分野でユーロの国際的役割を強化するとしている。そして、主要な戦略的部門として、エネルギー、原材料・食糧、輸送機器製造（航空機、船舶、鉄道）をあげている。

近年、ＥＵはエネルギー輸入に年平均３０００億ユーロ相当を費やし、エネルギー輸出国のノルウェー等を含むヨーロッパ経済領域（ＥＥＡ）では、２０１６年にエネルギー商品の年間取引高は40兆ユーロを上回る。これは、ＥＵのＧＤＰの倍以上、ＥＵのエネルギー輸入額の１００倍以上である。ところが、その93％以上を占める原油の契約ではドルが支配的である。ＥＵのエネルギーの輸入先は、ロシア（34％）、中東・アフリカ（33％）、ノルウェー（20％）だが、これらの国々との長期契約の大半（推定80～90％）はドル建てであった。

中国は、この状況に対抗すべく、２０１８年に上海国際エネルギー取引センター（ＩＮＥ）を立ち上げ、人民元建ての石油先物取引を開始した。ＩＮＥはニューヨーク、ロンドンに次ぐ第３の規模に成長し、イランやベネズエラなどは人民元決済を受け入れ始めている。

しかし、ユーロ建ての石油価格のベンチマークはない。天然ガスの価格も、長く油価連動であり、ドル建て契約が圧倒的であった。ただし、ガス市場の統合と自由化が進むにつれて、状況は変化しつつある。ガスの先物取引が行われるヨーロッパの2大ガスハブ（ＴＴＦ、ＮＢＰ）では、ユーロ建てかポンド建てが圧倒的に多い。ＥＵがノルウェーから輸入する天然ガスは、これに基づいている。しかし、他の供給国からのガス輸入は依然としてドルが支配的である。石炭やウランの国際取引においても、やはり価格のベンチマークはドル建てである。

こうした状況を改善する端緒として、欧州委員会は、次のようにエネルギー分野におけるユーロ利用の拡大を勧告している。

・エネルギーは、第三国との協定や覚書に基づいて長期取引されることから、政府間協定においてユーロ建て契約を推奨する。

・エネルギー市場参加者にユーロ建て契約を促すだけでなく、各国の原油備蓄機関にもユーロ利用を促し、ガスハブのユーロ建て取引を拡大し、価格情報配信会社にユーロ建ての原油価格のベンチマークを求める。

・エネルギー関連プロジェクト向け融資においてユーロ利用を拡大する。

こうした欧州委員会の勧告は、まさにロシアの利害と一致しており、ロスネフチは、石油の輸出をユーロ建てに切り替え始めた。世界のエネルギー市場に対するその影響は決して小さなものではない。ロスネフチは、ロシア政府がその株式の40・4%をもつ国営系企業ではあるが、BPが19・75%、カタール投資庁が18・93%の株式を保有している多国籍企業である。ロシア国内のみならず世界25カ国で資源開発事業を行い、石油生産量はサウジアラムコに次ぐ世界第2位であり、その半分を輸出している。

おわりに

ロシアは、欧米の経済制裁に直面し、やむなく中国への依存に踏み切り、政治・経済的関係を急速に深めた。制裁を回避する策として、中国とのエネルギー協力を加速し、同時に人民元決済を受け入れていった。これは、人民元の国際化を目指す中国の利害とも一致していた。

ロシアや中国の動きは、ユーロとは無関係の出来事のように思われるかもしれない。しかし、ロシアと中国は、ＥＵにとっても最重要な貿易相手国であり、その政策の変化は、ユーロにも影響を与える。ロシアやイランに対する制裁を巡って次第にＥＵとアメリカとのあいだで齟齬が生じ、ＥＵはイランとのあいだでＩＮＳＴＥＸというドル迂回の仕組みさえ導入している。制裁対象の国々から見れば、ＥＵとアメリカの齟齬はユーロの魅力を高める。

ＥＵと中国はいずれもロシアの最重要な貿易パートナーだが、中国に依存しつつ、過度な依存を避けたいロシアにとって、ユーロは人民元よりもはるかに魅力的なものだった。一方、ＥＵは、エネルギーの大口の買い手である立場を利用して、エネルギーの輸入をドル建てからユーロ建てに切り替えようと試みるが、これはまさにロシアの利害と一致していた。アメリカとの貿易紛争に直面している中国にとっても、ユーロは、受入可能な相対的に好ましい選択肢であった。

こうして、ユーロは、アメリカの一方的制裁を回避するための受け皿となり、中国・ロシア間、ＥＵ・ロシア間で急速にユーロ決済が広がっていったのである。しかも、ロシアの主要輸出品が、石油・天然ガスを始めとするエネルギー資源であることから、これらの変化は、ドル決済が支配的であった石油市場のユーロ化の端緒ともなっている。

こうした現象は、世界経済におけるドルの支配的地位を直ちに揺るがすものではなく、局地的なものに留まるかもしれない。しかし、多極化の時代を迎え、ドルとともにもう1つの選択肢を求める声はやむことはないだろう。そして、ヨーロッパとアジアの狭間に位置し、多極化に向かう世界経済秩序に適応していかざるを得ないロシアの動きは、新たな時代を映し出す鏡なのかもしれない。

（蓮見　雄）

［注］

1　ヨーロッパ：ＥＵ27、イギリス、ノルウェー、トルコ、その他。アジア太平洋：日本、中国、韓国、ＡＳＥＡＮ、香港、台湾、オーストラリア、ニュージーランド、その他。

2　ロシア語の Система передачи финансовых сообщений を簡略化した СПФС の英語表記。

3　ロシア、カザフスタン、ベラルーシ、アルメニア、キルギス。

［参考文献］

原田大輔（２０２０）「ロシア：米国による対露制裁：これまで観察された注目すべき8つの事象」ＪＯＧＭＥＣ 石油・天然ガス資源情報、２月26日。

加藤学（２０１８）『ビジネスマン・プーチン』東洋書店新社
蓮見雄（２０１６）「ロシアの東方シフトと対中、対日戦略」『世界経済評論』V60、No20
蓮見雄（２０１９）「脱ドルを模索するロシア」『揺らぐ世界経済秩序と日本』文眞堂
Abdelal, R. and A. Bros (2020), "The End of Transatlanticism? How Sanctions are Dividing the West", *Horizons*, No. 16
Dolgin, D. (2019) Russian de-dollarization, ING THINK Economic and Financial Analysis, 23 September.
Economist (2020) "Dethroning the dollar. America's aggressive use of sanctions endangers the dollar's reign. Its rivals and allies are both looking at other options", 18 January.
EC (2018a) Promoting the international role of the euro in the field of energy, SWD (2018) 483 final.
EC (2018b) Commission Recommendation of 5.12.2018 on the international role of the euro in the field of energy, C (2018) 8111 final.
McDowell, D. (2020) "Financial sanctions and political risk in the international currency system", *Review of International Political Economy*, March.
Kamel, M. and H. Wang (2019) "Petro-RMB? The Oil trade and the internationalization of the renminbi", *International Affairs*, V. 95, Issue 5.
その他、ロシアの新聞（ヴェドモスチ、コメルサント、ＲＢＫなど）

執筆者一覧（掲載順）

伊藤さゆり（いとう　さゆり）第1章担当
ニッセイ基礎研究所経済研究部研究理事
主要業績：『EU分裂と世界経済危機』（NHK出版新書、2016年）

星野　郁（ほしの　かおる）第2章担当
立命館大学国際関係学部教授
主要業績：『EU経済・通貨統合とユーロ危機』（日本経済評論社、2015年）

唐鎌大輔（からかま　だいすけ）第3章担当
みずほ銀行チーフマーケットエコノミスト
主要業績：『ECB欧州中央銀行：組織、戦略から銀行監督まで』（東洋経済新報社、2017年）

吉田健一郎（よしだ　けんいちろう）第4章担当
株式会社日立総合計画研究所主管研究員
主要業績：『Brexitショック企業の選択』（日本経済新聞出版社、2016年）

高屋定美（たかや　さだよし）編者、第5章担当
関西大学商学部教授
主要業績：『検証　欧州債務危機』（中央経済社、2015年）

蓮見　雄（はすみ　ゆう）編者、まえがき、第6章担当
立教大学経済学部教授
主要業績：『拡大するEUとバルト経済圏の胎動』（編著、昭和堂、2009年）

沈まぬユーロ
多極化時代における20年目の挑戦

二〇二一年三月一五日　第一版第一刷発行

編著者——蓮見　雄
　　　　　高屋　定美

発行者——前野　隆

発行所——株式会社　文　眞　堂
〒162-0041
東京都新宿区早稲田鶴巻町533番地
TEL：03-3202-8480
FAX：03-3203-2638
http://www.bunshin-do.co.jp/
振　替　00120-2-96437

製　作——モリモト印刷

©2021

定価はカバー裏に表示してあります
ISBN978-4-8309-5112-1　C3033